W0348670

Kurze Geschichte der Frauenemanzipation

Barbara Sichtermann, geb. 1943, besuchte die Schauspielschule in Bochum, wo sie von 1965–68 am Theater tätig war. Anschließend zog sie nach Berlin und studierte Sozialwissenschaften und Volkswirtschaftslehre. Seit 1978 ist sie freie Publizistin und Schriftstellerin. Sie arbeitet regelmäßig fürs Feuilleton und den Rundfunk und hat zahlreiche Bücher veröffentlicht. Barbara Sichtermann lebt in Berlin.

Coverabbildungen:
Vorderseite
oben: Ausschnitt aus einem Wahlplakat von 1919 (s. S. 87)
Mitte: Simone de Beauvoir, 1945
unten: Frauenfussball-Weltmeisterschaft (U20), 2008
Rückseite
Suffragetten, New York 1912

Layout und Gestaltung: typocepta, Wilhelm Schäfer, Köln
Satz aus der Myriad und der Proforma
Printed in Italy

ISBN 978-3-941087-38-5

www.jacobystuart.de

Barbara Sichtermann

KURZE GESCHICHTE der Frauenemanzipation

Verlagshaus Jacoby Stuart

Inhalt

Kurze Vorrede

Der Weg in die Mündigkeit

»Emanzipation« heißt Entlassung aus der Vormundschaft oder – wörtlich – Freigabe aus der (behütenden und beherrschenden) Hand des Vormunds. Es ist ein rechtlicher Begriff, der aus dem alten Rom stammt. Dort bezeichnete er den Schritt eines Sohnes aus dem Bannkreis der väterlichen Autorität, wie auch die Bereitschaft des Vaters, den mündigen Sohn ziehen zu lassen. Für Töchter gab es dermaleinst keine Möglichkeit, der Schirmherrschaft des Vaters zu entkommen – es sei denn durch eine Ehe, in der dann der Gatte seine schützende und führende Hand über sie hielt. Die Abhängigkeit der Frauen von den Männern – rechtlich, ökonomisch, lebenspraktisch – war total; sie ist es vielerorts auf dieser Erde immer noch.

In der westlichen Welt allerdings, auf die wir uns hier beschränken wollen, vollzog sich ein langwieriger Prozess der Lockerung jenes Herrschaftsverhältnisses, das Frauen zur völligen Unterordnung unter die männliche Dominanz verpflichtet hatte. Die Gesellschaften Europas und später Amerikas wurden im Laufe der Jahrhunderte komplexer, ihre Ökonomien vielfältiger, ihre Sitten und Gedanken freier. Ab dem 14./15. Jahrhundert prägte die Religion nicht mehr sämtliche Lebensvollzüge, die Tradition durfte in Frage gestellt werden, Abweichungen wurden hingenommen. Eine strikte und absolute Geschlechterhierarchie passte nicht zu diesem Wandel. Und so finden wir gegen Ende des Mittelalters immer mehr Frauen auf Fürstenthronen, als Führungskräfte in großen Handelshäusern, als Lenkerinnen eigener Zünfte, als Gründerinnen von Klöstern und – in Einzelfällen – als Künstlerinnen, Dichterinnen, Heilkundige und Theologinnen.

Es war die Hexenverfolgung, die diesen hoffnungsvollen Aufbruch fast zunichtegemacht hätte. Aber das Verlangen der

Frauen nach einem selbstbestimmten Leben ließ sich nicht verbrennen. Es regte sich erneut mit Macht, als das Zeitalter der Aufklärung anhob. Einer ihrer Verkünder, Immanuel Kant, definierte Aufklärung so: Sie sei das Vermögen, sich des eigenen Verstandes ohne Anleitung eines anderen zu bedienen. Sie war also eine Emanzipation des Geistes.

Im Verlauf dieser Emanzipation – in den Kreisen der lese- und schreibkundigen Eliten – kam die Frage nach dem Geschlechterverhältnis, nach Mann und Frau, Oben und Unten, Herrschaft und Unterordnung, ganz von selbst auf den Tisch. Die meisten Männer hätten sie gerne darunter gekehrt. Frauen aber griffen sie auf. Und übertrugen die Forderung nach »Égalité« der Französischen Revolution kühn auf den eigenen Status. So wurde die Entlassung aus der Vormundschaft zur Losung und das Geschlechterverhältnis zum Kampfplatz.

Hier beginnt unsere *Kurze Geschichte.*

Auf dem Schafott, auf der Tribüne

Frauen vor und während der Französischen Revolution

1733. Im Café Gradot zu Paris sitzt der berühmte Mathematiker Moreau de Maupertuis mit Freunden und Kollegen zusammen. Man genießt den bitteren Türkentrank, mehr noch aber das Gespräch unter Lehrern und Forschern. Großes Thema ist der englische Physiker Isaac Newton. Seine *Principia Mathematica* beschäftigen in diesen Zeiten alle philosophischen Geister, über Auslegung, Anwendung und Kritik der Thesen reden sich die Gelehrten die Köpfe heiß, streiten, lärmen, lachen und trinken noch einen Kaffee. Gerade hebt Maupertuis zu einem kleinen Vortrag über die Newton'sche Mechanik an, als ihn ein Getöse am Eingang ablenkt. Alle schauen zur Tür.

Dort ist eine junge Dame zu erkennen, eine große, eindrucksvolle Erscheinung, die mit erhobener Stimme Einlass begehrt. Der Wirt persönlich bemüht sich, sie zu beschwichtigen, zwei Kellner haben die Hände erhoben, um den unerwünschten Gast am Eintritt zu hindern. So war es damals in Paris und nahezu überall: Frauen durften sich in öffentlichen Kaffeehäusern nicht blicken lassen, und um keinen Ärger zu machen, versuchten sie es auch gar nicht erst. Nicht so diese Dame.

Émilie du Châtelet, um 1748

Maupertuis erhebt sich. Er kennt die hochgewachsene Frau. Es ist Émilie du Châtelet, einst seine Schülerin, heute eine liebwerte Freundin und wichtige Partnerin beim Disput insbesondere über Newton. Wenn irgendjemand in die Gedankenwelt des großen Physikers eingedrungen ist, dann sie. Gar zu gern hätte er sie jetzt dabei, hier am Tisch im Café Gradot – sie hätte zu der eben zwischen ihm und seinen Kollegen aufgebrochenen Kontroverse einiges zu sagen. Kurz überlegt Maupertuis, ob er den Wirt beiseite nehmen und ihm ein Geldstück zustecken soll, damit er Émilie passieren lässt. Aber da hat sie auch schon den Rückzug angetreten. Die Eingangstür fällt zu. Wirt und Kellner schauen sich ein wenig betreten um, einer schüttelt den Kopf, der andere macht sich mit Geschirr zu schaffen, allen ist der Zwischenfall ein bisschen peinlich. Maupertuis setzt sich und führt das Gespräch fort. Kurz denkt er: »Schade um Émilie. Warum wurde sie nicht als Mann geboren!«

Isaac Newton (1643–1727) war der bedeutendste Naturwissenschaftler der Neuzeit, ja, er schuf die Neuzeit mit – durch ein Weltbild, das zwei Jahrhunderte überdauerte. Er schätzte sich selbst vor allem als Mathematiker (berühmt wurden seine Theorien zur Infinitesimalrechnung), doch seine Leistungen auf dem Gebiet der Physik (Optik, Mechanik, Schwerkraft, Bewegungsgesetze) stufte die Nachwelt noch höher ein. Newton war nicht nur ein theoretisches Genie. Er experimentierte auch praktisch – mit Geschick und Leidenschaft.

Die Tochter eines königlichen Beamten, des Baron de Breteuil, hatte schon als Kind lebhaftes Interesse an Mathematik und Naturwissenschaften gezeigt. Aber auch Sprachen, darunter Deutsch, studierte sie mit Hingabe; Latein und Griechisch waren ein Muss für alle, die in die Philosophie eindringen wollten – und das wollte Émilie. Reiten lernten junge Damen seinerzeit zuweilen, fechten kaum, die Baronesse de Breteuil beherrschte beides. Außerdem spielte sie Spinett, sang und schauspielerte gern und gut. Das Hofleben gefiel ihr. Sie brillierte nicht nur mit dem Reiz der Jugend, sondern auch mit ihren Geistesblitzen, was Männer zuweilen verschreckte. Und sie genoss den Luxus.

Mit neunzehn heiratete sie den Marquis du Châtelet, einen General. Es war eine arrangierte Ehe. Der Marquis war stolz auf seine talentierte Frau, gewährte ihr Mittel für ihre Forschung und verschaffte ihr Kontakte zu bekannten Gelehrten. Émilie gebar ihm drei Kinder. Danach, fand sie, hätte sie als Gattin ihre Schuldigkeit getan und ging fortan eigene Wege. Der Marquis tat desgleichen, beide blieben Freunde. Nach ein paar Affären traf Émilie den Schriftsteller und Philosophen Voltaire. Er wurde ihre große Liebe. Als er wieder einmal wegen seiner

Angriffe auf die Geistlichkeit einer Verhaftung zu entgehen versuchte, versteckte ihn Émilie in einem verfallenen Schloss, das ihrem Mann gehörte. Mit Voltaires Geld restaurierten die beiden das Anwesen und machten daraus ein präsentables Palais und eine regelrechte Forschungsstätte. Émilie übersetzte Newton. Ihre und Voltaires Debatten über die Schwerkraft, die Planetenbewegungen und die Gottesgerechtigkeit zogen sich über Tage und Nächte hin. Voltaire betete Émilie an, und Madame hatte endlich den Mann gefunden, der ihr ebenbürtig war. Nach einigen Jahren durfte Voltaire wieder in Versailles erscheinen. Das tat er – mit Émilie an seiner Seite, die erneut entzückt am Hofleben teilnahm. Fast sechzehn Jahre dauerte die Liebesbindung. Dann starb Émilie – im Kindbett. Sie war noch nicht einmal 43. Obwohl die Tochter, die Émilie zur Welt gebracht hatte (und die ebenfalls nicht überlebte), von einem anderen Mann stammte – Émilie hatte sich in einen jungen Höfling verliebt –, war Voltaire außer sich vor Schmerz um den Verlust. Jetzt endlich folgte er der Einladung des preußischen Königs an den Hof nach Potsdam. Über seine Geliebte schrieb er: »Sie war ein großer Mann, dessen einziger Fehler es war, eine Frau zu sein.«

Zurück ins Café Gradot. Émilies Auftritt dort im Jahre 1733 – das Jahr ihrer Begegnung mit Voltaire –, ihr erster Versuch, im Café an den Disputen mit ihrem Lehrer Maupertuis teilzunehmen, blieb nicht ihr letzter. Es dauerte nur so lange, wie ein geschickter Schneider braucht, um einen eleganten Überrock und ein paar gutsitzende Beinkleider herzustellen, bis eine hier unbekannte, hochgewachsene Person Einlass in das Café begehrte. Der Kellner, der den Eingang im Auge hatte, ließ den Gast passieren, und Émilie – denn sie war es, in Männerkleidung auf den ersten Blick nicht zu erkennen – bahnte sich ihren Weg an den Tisch des Maupertuis. Ihr Lehrer empfing sie mit Bewunderung und leisem Kichern, stellte sie den anderen vor, und ohne Umschweife ging es mitten hinein in die Materie: Zur Infinitesimalrechnung hatte Madame du Châtelet einiges beizutragen.

Voltaire, bürgerlich François Marie Arouet (1694–1778), gilt als der bedeutendste Denker, Philosoph und Schriftsteller im Frankreich des 18. Jahrhunderts. Er geißelte die Selbstherrlichkeit des Absolutismus ebenso wie die der katholischen Kirche – weshalb sein Werk und seine Person vor Verfolgung nie sicher waren. Als glänzender Stilist konnte er die Theaterbühne ebenso wie das Lesepublikum erobern.

Émilie kam nun täglich ins Gradot. Bald war sie ein gerngesehener Gast, der auch mal die Runde freihielt. Der Wirt hatte irgendwann herausbekommen, wer sich unter dem eleganten Überrock verbarg. Aber so lange der Schein gewahrt blieb, dachte er nicht daran, den vornehmen Gast vor die Tür zu setzen. Dennoch kitzelte es ihn, der bekannten Dame mitzuteilen, dass er Bescheid wüsste. Der folgende Dialog ist nicht belegt, er ist nur eine Legende. Aber warum soll es sich nicht so zugetragen haben?

Der Wirt brachte Madame gern selbst den Kaffee. Und er ging auch gern an ihren Tisch, um zu kassieren. »Monsieur«, sagte er, »meinen Sie nicht, dass ich auf eine doppelte Bezahlung Anspruch erheben kann? Einmal für Monsieur und einmal – für Madame?« – »Ach, bester Wirt«, antwortete Émilie, »wenn Sie die Dinge so sehen, erhebe ich Anspruch auf zwei Tassen Kaffee, eine für Monsieur und eine für Madame. Doch wenn's dann ans Bezahlen geht, seien Sie versichert, dass ich, wie ich hier sitze, nur *einen* Geldbeutel mit mir führe und dass darin nur das Entgelt für *eine* Tasse Kaffee enthalten ist.« Alle lachten. Der Wirt musste sich geschlagen geben, und er hat seinen Erpressungsversuch nicht wiederholt.

Kaffeehaus, 18. Jahrhundert

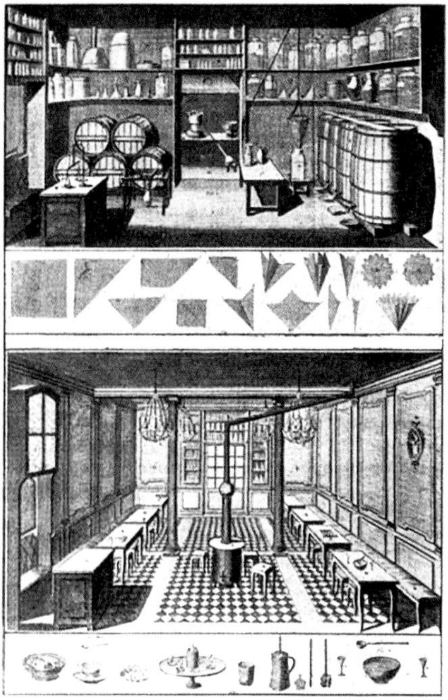

Leben und Ruf der Émilie du Châtelet erzählen viel über die Lage der Frauen um die Mitte des 18. Jahrhunderts. Zwar war Émilie als hochbegabtes Mädchen und als Tochter, in deren Bildung – ganz gegen die Gepflogenheit – die weitsichtigen Eltern bereitwillig investiert hatten, eine Ausnahme – aber gerade die teilt in besonders klarer Weise mit, wie es sich mit der Regel verhielt. Sowohl Maupertuis als auch Voltaire, beide äußerst kluge Köpfe, bedauerten, dass Émilie kein Mann war. Voltaire wird das nicht ganz ernst gemeint haben, denn schließlich war er ihr Liebhaber, und er pries ihre Liebestalente. Dennoch hat er geschrieben, ihr »einziger Fehler« sei es gewesen, als Frau geboren zu sein. Was dahintersteckt, ist das Empfinden dieser beiden Männer – und sicher noch manch anderer –, dass Frauen niemals »satisfaktionsfähig« sein können – Émilie es aber dennoch war. Wenn Voltaire schreibt, sie sei ein großer Mann gewesen, billigt er ihr diese Satisfaktionsfähigkeit zu, erkennt er sie als gleich, als gleich befähigt, als gleichwertig an. Auf ihre Art hat Émilie das Spiel mitgespielt, hat sich in Männerkleidern ins Café Gradot begeben und so die Schranke, die ihrem Geschlecht gesetzt war, umgangen. Die Überzeugung, das weibliche Geschlecht stünde in Sachen Begabung, Intelligenz, Geist und Entschlusskraft weit unter den Männern, war so stark und allgemein, dass eine begabte, intelligente, geistreiche und entschlossene Frau in einen Mann umdefiniert werden musste, damit die Welt wieder im Lot war. Das hieß auch: Gleichheit zwischen den Geschlechtern, gleiche Rechte für Männer und Frauen, konnte es niemals geben.

Und erst recht keine gleichen Lebensumstände. Eine Frau sollte ihre Talente in der Familie und im Haus entfalten. Die Öffentlichkeit der Politik, der Wissenschaft, der Forschung und der großen Bildungsinstitutionen, zu schweigen von Militär und Kirche, war im Prinzip für Frauen tabu, ebenso das Berufsleben da, wo es in höhere Ränge hinaufführte. Weder waren Frauen auf Rednertribünen, in Ratsversammlungen, an Akademien und Forschungsstätten, auf Paraden und Konventen zugelassen, noch durften sie ein Studium aufnehmen. Auch die weniger offiziellen Vereine, Clubs und Cafés schlossen Frauen aus. Nur die Theater ließen sie mittlerweile herein, was durchaus als Besonderheit zu werten ist. In gewissem Sinn hatte es damit zu tun, dass ihnen ja der Bühneneingang seit etwa hundert Jahren offen stand. Die Zuschauer hatten einfach keine Lust mehr gehabt, halbwüchsigen Burschen die Frauenrollen abzukaufen. Und wenn Frauen auf der Bühne anwesend sein durften, konnte man ihnen schlecht den Zuschauerraum verbieten. – Aber das Theater, vor allem die Komödie, sie waren auch nicht ganz so ernst zu nehmen wie etwa eine Versammlung von Ministern, Generälen oder Gelehrten, und deshalb drückte man im Theater ein Auge zu. Das galt auch für die niederen Vergnügungen des Volkes wie Freilichtspiele und Varietés. Abgesehen vom Eintritt in solch harmlose Vergnügungen war Öffentlichkeit eine Domäne der Männer. Frauen sollten dort nicht stören – nicht nur, weil man bestritt, dass sie etwas beizutragen hätten, sondern vor allem, weil Männer ein starkes Interesse daran hatten, unter sich zu bleiben.

Diese Geschlechterordnung war jedoch nicht unumgänglich. Es gab, wie Émilie du Châtelets Eroberung des Gradot zeigt, immer wieder Löcher im System, die Frauen nutzen konnten. Außerdem war die Erinnerung an bedeutende Frauen in der Politik lebendig: Von Kaiserin Theophanu bis zu Elisabeth der Großen von England hatte man legendäre Regentinnen vor Augen. In Frankreich kam den Frauen und Mätressen der Könige eine zwar informelle, aber wichtige Berater-Rolle zu. Während der Lebzeiten Émilie du Châtelets lenkte eine Frau, die Kaiserin Maria Theresia, die Geschicke des Hauses Habsburg, und bald darauf bestieg in Russland die Zarin Katharina den Thron. Man kann also sagen, dass es um die Mitte des 18. Jahrhunderts durchaus Frauen im öffentlichen Leben Europas gab – sie waren präsent, auch in den Vorstellungswelten der Menschen. Aber man erklärte sich diese Präsenz ganz ähnlich wie im Fall Émilies: Man definierte die herausragenden Frauen zu Männern um. Errangen sie Erfolge in Politik oder Wissenschaft, so hatte die Natur sie irrtümlich als Frau in die Welt geschickt. Und falls sich, je nach politischem Standort, der eine oder andere Zeitzeuge über die Politik einer Maria Theresia oder einer Katharina ärgerte, konnte er sagen: »Da sieht man, was dabei rauskommt, wenn man einer Frau die Zügel überlässt.«

So blieb das herrschende Weltbild, das den Männern die Dominanz über das »schwache Geschlecht« zuschrieb, dann doch intakt – egal, wie viele Frauen sich auf öffentlichen Bühnen – im Theater oder in der Politik – zeigten. In den Wissenschaften, den Künsten und im Klerus verfuhr man analog. Frauen, die Positionen errangen wie Émilie du Châtelet, machte man zu Männern; Frauen mit Ehrgeiz, die nichts erreichten, erklärte man zu Versagerinnen, von denen nichts anderes zu erwarten gewesen sei.

Und die Frauen? Wie ertrugen sie diese andauernde Herabsetzung? Indem sie es genauso machten wie die Männer und dem Vergleich auswichen. Die ständische Gesellschaft des 18. Jahrhunderts kannte und integrierte vielerlei Ungleichheiten: Nicht nur die der Frauen und Männer, auch die der Stände und Berufszweige. Dass ein Bauer nicht auf dieselbe Lebensweise Anspruch erheben konnte wie ein Adliger, verstand sich von selbst. Er trug nur Verantwortung für Vieh und Scholle, der Aristokrat aber für einen ganzen Sprengel. Ähnliches galt für die verschiedenen Gruppen innerhalb des Bürgertums: Die Akademiker verglichen sich nicht mit den Handwerkern, und die Handwerker sich nicht mit den Tagelöhnern. Der »Wehrstand«, das Militär, und der »Lehrstand«, der Klerus, verstanden sich als aparte Welten, die ganz andere Aufgaben hier auf Erden erfüllten als beispielsweise ein Schmied oder ein Müller. Mit anderen Worten: Man dachte und empfand um die Mitte des 18. Jahrhunderts in Termini von *Ungleichheit.* Und diese Ungleichheit, daran zweifelte niemand, war von Gott gewollt. An ihr zu rütteln hieß, die Religion in Frage zu stellen. Wer mochte das tun? Frauen zuallerletzt. Denn die Kirche, der Pfarrer, die Bibel, das waren Autoritäten, die sich zum Beispiel bei Untreue des Ehemanns auf die Seite der Frau stellten. Frauen waren immer das frömmere Geschlecht. Das lag an ihrer Hoffnung auf Schutz durch Kirche und Pfarrer.

Die Religion in Frage stellen ... das wollten im 18. Jahrhundert eben doch ein paar Persönlichkeiten, unter ihnen Voltaire. Nun gut, er stellte die katholische Kirche in Frage, nicht die Religion, aber seine Kampfansage an die mächtige klerikale Institution wurde vom Volk sehr wohl als ein Rütteln an den Grundfesten des Glaubens empfunden. Und das war sie auch. Voltaires jüngere Zeitgenossen nahmen die Kampfansage auf und formulierten sie um: Die Leute sollten ruhig glauben, aber sie sollten verstehen lernen, dass *wissen* etwas anderes war. Und wenn es um Wissen ging, hatten die Priester zu schweigen. Zu reden hatten die Gelehrten: Leibniz, Newton,

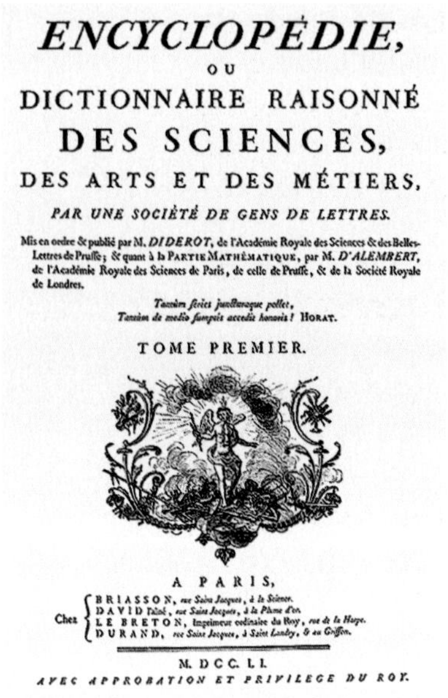
ENCYCLOPÉDIE,
OU
DICTIONNAIRE RAISONNÉ
DES SCIENCES,
DES ARTS ET DES MÉTIERS,
PAR UNE SOCIÉTÉ DE GENS DE LETTRES.
Mis en ordre & publié par M. DIDEROT, de l'Académie Royale des Sciences & des Belles-Lettres de Prusse; & quant à la PARTIE MATHÉMATIQUE, par M. D'ALEMBERT, de l'Académie Royale des Sciences de Paris, de celle de Prusse, & de la Société Royale de Londres.
Tantùm series juncturaque pollet,
Tantùm de medio sumptis accedit honoris! HORAT.
TOME PREMIER.
A PARIS,
Chez BRIASSON, rue Saint Jacques, à la Science.
DAVID l'aîné, rue Saint Jacques, à la Plume d'or.
LE BRETON, Imprimeur ordinaire du Roy, rue de la Harpe.
DURAND, rue Saint Jacques, à Saint Landry, & au Griffon.
M. DCC. LI.
AVEC APPROBATION ET PRIVILEGE DU ROY.

Titelseite von Band 1 der Erstausgabe, Paris 1751

Voltaire, Émilie du Châtelet, Diderot, d'Alembert, Rousseau und – Kant. Zum Glauben gesellte sich nun die Vernunft. Sie vertrug, ja erforderte *Kritik*. Mittels ihrer würde es möglich sein, zu ergründen, was wirklich los war in der Welt – jenseits von Vorurteilen, Glaubenssätzen und Dogmen. Die Aufklärung war geboren. Und was immer den Aufklärern einfiel, um Gott und die Hingabe an ihn jenseits der Institution Kirche zu retten und aufzuwerten – der Kraftakt, in dem sie das Wissen vom Glauben gelöst hatten, zeitigte Folgen. Er pflanzte eine Skepsis in die Köpfe, die das alte, ständische, auf gottgewollter Ungleichheit basierende Weltbild erschütterte. Kein Wunder, dass die Privilegierten, denen der Status quo die Herrschaft sicherte, das Werk der berühmten Aufklärer d'Alembert, Diderot, Voltaire und anderer, dass sie die Sammlung des *ganzen verfügbaren Wissens* in schlussendlich 28 Bänden, die *Enzyklopädie*, auf den Index setzten.

Doch es gab auch Freunde der *Enzyklopädie*, unter ihnen die Mätresse des Königs, Madame Pompadour. Friedrich der Große wollte das Werk auf Deutsch drucken. Die konservativen Mächte Frankreichs standen als Reaktionäre da. Aber sie konnten sowieso nichts machen: Die freien Gedanken, der Wille zum Wissen, Newton, Voltaires Kirchenkritik, die Forschung der Madame du Châtelet – all das war auf der Welt und ließ sich nieder in den Köpfen. Freiheit war denkbar: des Bauern vom Grundherrn, der Frau vom Mann, des Gedankens von der religiösen Zensur. Gleichheit war denkbar: von Stand zu Stand, von Geschlecht zu Geschlecht, von Mensch zu Mensch. Brüderlichkeit war denkbar – und so auch ein Ende der Unterdrückung des Menschen durch den Menschen, ein Ende von Verachtung, Beleidigung und Sklaverei.

Pathos und Terror gingen in der Französischen Revolution zusammen und durchdrangen sich. Vielleicht ist das in allen

Revolutionen so. Für die Frauen war das Pathos ein Geschenk, denn in ihm wurde das Undenkbare denkbar, der Terror aber war eine Gefahr, denn in ihm gab es keine Gnade. Im ersten Jahr der Revolution 1789 eröffneten sich für die Frauen ganz außergewöhnliche Chancen, und sie nutzen sie spontan, als hätten sie schon lange darauf gewartet.

Der Anlass für diesen größten und folgenreichsten Umsturz der Neuzeit war vergleichsweise banal: Ludwig XVI. hatte mal wieder über seine Verhältnisse Hof gehalten. Die Kassen waren leer. Neue Abgaben sollten sie füllen, aber die, die am ehesten hätten zahlen können, Adel und Klerus, weigerten sich stur, die Staatskasse zu sanieren. Da besann sich der König darauf, dass eigentlich nur die Generalstände, das heißt, *alle drei* Stände: Adel, Klerus *und Bürgertum*, neue Steuern bewilligen konnten. Er berief die Stände, ihre Deputierten, im Jahre 1788 ein. Wahrscheinlich hat ihn das später gereut, denn es entspann sich ein langer Kampf um die Abstimmungsmodalitäten (nach Köpfen oder Zensus, also Steueraufkommen), an dessen Ende der dritte Stand sich seiner Macht, die ja schon in seiner Masse lag, bewusst wurde. In den Worten des berühmten Abbé Sieyès, einer der wenigen Führer der Revolution, der dem Terror entging und alt wurde, klang es so: »Was ist der dritte Stand? Alles. Was ist er bisher in der politischen Ordnung gewesen? Nichts. Was begehrt er? Darin etwas zu werden.«

Nun, er wurde fast alles darin, und der revolutionäre Wandel von der absoluten Monarchie zur konstitutionellen Monarchie, zur Herrschaft des Bürgertums und schließlich zur Republik, unterzog sämtliche Machtverhältnisse, auch die Herrschaft der Männer über die Frauen, einer erbarmungslosen Kritik. Die Revolution hatte ihren Thermidor. Zwar wich die Morgenröte der Freiheit, die den Frauen anfangs geleuchtet hatte, später den dunklen Wettern neuer Unterdrückung. Aber in den ersten Jahren der Revolution waren Aktionen möglich, Forderungen, Anspra-

Immanuel Kant (1724–1804) gilt als größter deutscher Philosoph im 18. Jahrhundert. Er machte sich vom Dogmatismus der überlieferten Philosophie und auch von religiösen Einflüssen auf den Geist frei und stellte die Frage: Wie erkennen wir? Die Antwort: Immer nur subjektiv, die Objektivität der Erkenntnis ist Schein, »das Ding an sich« unseren Erkenntnisorganen unzugänglich. In seiner *Kritik der praktischen Vernunft* formulierte Kant den berühmten kategorischen Imperativ: Handle so, dass die Maxime deines Handelns als Grundlage einer allgemeinen Gesetzgebung dienen kann.

Die Überzeugung von einem grundlegenden Neubeginn motivierte die Führer der Französischen Revolution zu einer **Umbestimmung der Zeitrechnung**. Am 15. Juli 1789 fand man, dass nun das Jahr 1 der Freiheit beginne, am 22. September das Jahr 1 der Republik. Napoleon war es dann, der (wie in so vielem) eine Rückkehr einleitete: zum traditionellen gregorianischen Kalender. Die Monatsnamen, die die französischen Revolutionäre ersannen, waren indes sehr poetisch: so, beispielsweise, »Brumaire« (Nebelzeit) für Oktober/November, »Fructidor« für Monate des Hochsommers und »Thermidor« für den Spätsommer.

chen, Teilnahme, Clubgründungen und große Auftritte einzelner Frauen, die als Fanal in der Erinnerung fortleben und den neuzeitlichen Aufbruch der Frauen in die Emanzipation markieren.

Der dritte Stand – mit etlichen Überläufern aus Adel und niederem Klerus – hatte sich im Juni 1789 zur Nationalversammlung erklärt. Man schwor im Ballhaus zu Versailles, nicht eher auseinanderzugehen, als bis Frankreich eine Verfassung habe. Ludwig dachte nicht daran, den Entwurf der Konstituante zu unterschreiben, und er hätte die Nationalversammlung gern auseinandergejagt. Aber er traute sich nicht, zumal inzwischen das Volk auf den Plan getreten war und die Bastille, eine Festung, die als Gefängnis diente, erstürmt und zerstört hatte. Und dann rückte die Volksmenge auch noch nach Versailles vor. Angeführt wurde sie von sechs- bis achttausend Frauen, viele von ihnen Pariser Fischweiber, bewaffnet mit Besen, Lanzen, Messern, Pistolen und Musketen. Die Frauen forderten Brot und mehr. Sie verlangten, dass König und Hofstaat Versailles aufgeben und nach Paris zurückkehren sollten, dahin, wo die Musik spielte, das heißt die Politik gemacht wurde und das Volk lebte, das derzeit Hunger litt. Außerdem verlangten sie die Unterzeichnung des Verfassungsentwurfs und der Erklärung der Menschen- und Bürgerrechte. Als der König in seinen Reaktionen vage blieb, stürmte die Volksmenge das Schloss. Die Frauen eroberten unter Einsatz ihrer Waffen die Tribünen im Saal, wo die Nationalversammlung tagte, und riefen den Deputierten ihre Meinungen zu. Es ging hoch her. Der König sah schließlich keinen anderen Ausweg mehr, als die Verfassung zu unterzeichnen, womit er sämtliche grundherrlichen Privilegien für null und nichtig erklärte, das heißt das alte feudale Frankreich in den Orkus schickte. Und er rüstete zum Umzug nach Paris. Das Volk und die Frauen, sie hatten gesiegt. Mit Lorbeerzweigen geschmückt begleiteten sie Ludwig XVI. auf seinem Weg in die Hauptstadt.

Was es für ein armes Pariser Fischweib bedeutet haben muss, einen solchen Triumph zu erleben, konnten sich wahrscheinlich nicht einmal deren männliche Zeitgenossen vorstellen. Wichtig für die ganze Nation, und vor allem für deren weiblichen Teil, war die Erfahrung: Wandel ist nicht nur möglich, er ist machbar. Wenn frau hingeht, sich einen Besen greift und das Schloss stürmt, gibt der König klein bei, unterzeichnet die Konstitution und zieht nach Paris. Natürlich kann das stürmische Fischweib auch im Gefängnis landen, das ist das Risiko. Aber heuer, im Oktober 1789, ist es mit Lorbeeren geschmückt an der Seite der königlichen Kutsche nach Hause gezogen. So kann es auch kommen. Das vergisst frau nicht.

Es gab einzelne Frauen, die genau verfolgten, was vor sich ging, was in den Clubs diskutiert und in Pamphleten geschrieben stand, und die im Pathos der Gleichheit eine Leerstelle ausmachten: Wenn von bürgerlichen Rechten und Freiheiten die Rede war, ging es immer nur um den Citoyen, um den Bürger. Es fehlte die Bürgerin.

Eine kämpferische Schriftstellerin, der das auffiel, hieß Olympe de Gouges. Das »de« in ihrem Namen ist Teil eines Pseudonyms, eigentlich hieß sie schlicht Marie Gouze. Sie war eine Frau aus dem Volk, ihr Vater war Schlachter. Es heißt zwar, dass sie der illegitime Spross eines Landadligen war, aber da ihr mutmaßlicher Erzeuger nichts für ihre Erziehung tat, wurde sie in der Provinz in einfachen Verhältnissen groß. Als Siebzehnjährige verheiratete man sie mit einem Gastwirt, der starb jedoch bald, und die junge Witwe ging nach Paris.

Olympe de Gouges: »Die Frau ist frei geboren und bleibt dem Manne ebenbürtig in allen Rechten.«

Mit Lesen und Schreiben hatte Olympe ihr Leben lang Schwierigkeiten, auch Französisch musste sie erst lernen, denn in ihrer Heimat wurde Okzitanisch gesprochen. Aber sie hatte etwas zu sagen. Sie begann als Theaterautorin, ihr großes Thema war die Befreiung der Sklaven in den Kolonien. Die Revolution stieß sie in die Politik. Jetzt galt es für Frauenrechte zu streiten. Frauenrechte! Das war etwas unerhört

Neues. Olympe diktierte ihre Texte einem Sekretär, eine seinerzeit nicht unübliche Arbeitsteilung zwischen Autor/in und Schreiber. Ihre berühmteste Schrift heißt *Erklärung der Rechte der Frau und Bürgerin.* Sie erscheint 1791 und beginnt mit dem Satz: »Mann, bist du fähig, gerecht zu sein?« Und der Artikel 1 lautet: »Die Frau wird frei geboren und bleibt dem Manne ebenbürtig in allen Rechten.« Was so nahezuliegen schien, Menschenrechte zu fordern auch für die Frauen, lag gleichwohl damals noch fern. Olympe gehörte zu den wenigen, die das Gleichheitspostulat radikal auslegten, das heißt es ebenso auf die Frauen bezogen. Auch ihnen stünden alle bürgerlichen Rechte zu, wie auch das Wahlrecht und das Recht auf Bildung. In ihrer *Erklärung der Rechte* forderte sie für Frauen die Gewährung von Freiheit (Freizügigkeit und das Recht, die Scheidung einzureichen), das Recht auf Eigentum und auf Widerstand gegen Unterdrückung. Außerdem sollten Frauen ihre Meinung frei äußern dürfen. Als Steuerzahlerinnen hätten ihnen auch Posten im Staatsdienst offenzustehen.

Man hätte nun denken können, dass ganz Frankreich erbebte nach einer so unverschämten Forderung. Aber so war es nicht, denn das Land befand sich mitten im revolutionären Umbruch und an der Schwelle eines Krieges; nahezu täglich verfasste jemand ungeheuerliche Pamphlete, da fiel eine Frauenrechtserklärung nicht weiter auf. Gleichwohl wurde das Thema eifrig diskutiert – vor allem in politischen Clubs und Gesellschaften, die damals überall aus dem Boden schossen. Zu einigen hatten auch Frauen Zutritt. Ja, Frauen gründeten eigene Clubs, so zum Beispiel die Patriotische Wohlfahrtsgesellschaft der Freundinnen der Wahrheit, initiiert von der Frauenrechtlerin Etta Palm d'Aelders. Zu einer anderen »gemischten« Gesellschaft, dem Cercle Social, hatte die Niederländerin als erste Frau in einer Cluböffentlichkeit das Wort ergriffen – um einen Mann zu verteidigen, der sich für die Frauenrechte einsetzte. Die Schauspielerin Claire Lacombe hob mit Gleichgesinnten den Club der revolutionären Republikanerinnen aus

In der Präambel ihrer *Erklärung der Rechte* verlangt **Olympe de Gouges** die Aufnahme von Frauen in die Nationalversammlung. Sie schließt mit dem Aufruf: »Frau, erwache!« Gewidmet hat die Revolutionärin ihre Deklaration der Königin. In ihren politischen Vorstellungen schwankte sie zwischen Republik und konstitutioneller Monarchie. Ihre bedingungslose Radikalität floss zur Gänze in die Geschlechterfrage.

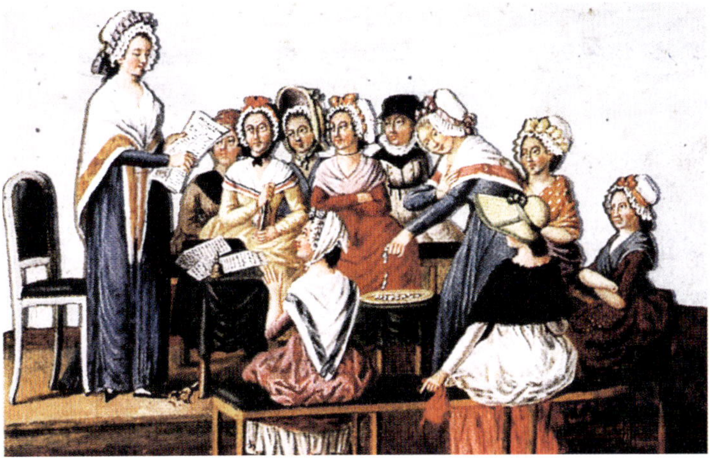

Sitzung eines Frauenclubs, Paris Ende 18. Jahrhundert

der Taufe. Und Théroigne de Méricourt, genannt »Amazone der Freiheit«, eine Jakobinerin, die verlangte, dass Frauen Waffen tragen dürften, gründete die Gesellschaft der Freunde des Rechts. Ihre Devise: »Lasst uns den Männern zeigen, dass wir ihnen weder an Mut noch an Tugend unterlegen sind.«

Zu den – wenigen – Männern, die sich für die Frauenrechte stark machten, gehörten der Abbé Sieyès und der Marquis de Condorcet. Sie sprachen das Thema Frauenrechte in der Nationalversammlung an und diskutierten die dafür notwendigen verfassungsrechtlichen Schritte im Cercle de la bum, ein Club, in dem Frauen willkommen waren und in dem auch Olympe de Gouges verkehrte.

Inzwischen hatte die französische Aristokratie, europaweit vernetzt wie sie war, im Ausland Zuflucht gesucht und zugleich Furcht vor dem Umsturz verbreitet. Das Ancien Régime inner- und außerhalb Frankreichs rüstete auf, um seine Macht zurückzugewinnen. Es drohte Krieg mit Österreich und Preußen. Überall melden sich Freiwillige, um das revolutionäre Vaterland zu verteidigen, unter ihnen viele Frauen. Sie bilden »Amazonenlegionen«. In Paris stürmt das Volk, Frauen und Männer, die Tuilerien, das königliche Schloss, um seinem Ruf nach Errichtung der Republik Nachdruck zu verleihen. Man schreibt den 10. August 1792. Théroigne de Méricourt ist in vorderster Front dabei.

Noch eine andere junge Frau war äußerst militant. Charlotte Corday reiste aus der Provinz nach Paris, kaufte sich ein langes Messer, erschlich sich Zugang zum Jakobiner-Führer Jean Paul Marat und erstach ihn in seiner Badewanne. Das war im Juli 1793. Corday war entsetzt über den Bürgerkrieg, der zwischen gemäßigten Girondisten und radikalen Jakobinern entbrannt war, und hoffte auf inneren Frieden durch Mord an dem »Blutsäufer« Marat. Nach getaner Tat begab sie sich willig in die Hände der Gendarmen. Sie bekam ihren Prozess, wurde zum Tode verurteilt und aufs Schafott geschickt. Das Volk bewunderte ihren Mut. Ein junger Verehrer begehrte, an ihrer Stelle enthauptet zu werden.

Nur wenige Wochen später wurde auch Olympe de Gouges als Verschwörerin verhaftet, in den Kerker geworfen und nach kurzem Prozess guillotiniert. Sie hat ihre Verwegenheit, das Recht der Frau auf die Rednertribüne zu fordern und dieses Recht sogar wahrzunehmen, mit dem Schafott bezahlt.

Théroigne de Méricourt schließlich liebte den populären Girondisten Jacques Brissot und wurde seine Parteigängerin, wodurch sie ins Fadenkreuz der Jakobiner geriet. Sie landete zwar nicht – wie Brissot – unter der Guillotine, aber im Irrenhaus.

Zu Beginn des Jahres 1793 hatte der König, jetzt nur noch »Bürger Capet« und von den Revolutionären der Konspiration mit dem Ausland angeklagt, nach einem gescheiterten Fluchtversuch seinen Gang zur Guillotine antreten müssen. »Ludwig muss sterben, damit das Vaterland lebe«, rief Robespierre in seiner Klagerede. Jetzt war entschieden: Es gab keinen Weg zurück. Das Ancien Régime war tot. Um ihren Sieg zu sichern, tötete die Revolution immer weiter. Der »Wohlfahrtsausschuss« unter Führung Robespierres sorgte dafür, dass die Guillotine nicht stille stand – bis der Oberjakobiner selbst ihr Opfer wurde. Eine Art Kriegsdiktatur schaffte einen Gutteil der gerade errungenen Freiheiten wieder ab. Die neue republikanische Verfassung schloss Frauen von

Die beiden wichtigsten Gruppierungen im französischen Nationalkonvent nach der Revolution hießen **Girondisten** und **Jakobiner**. Die Girondisten nannten sich nach der Gironde, einem Department, aus dem die meisten Abgeordneten stammten. Sie vertraten den eher gemäßigten bürgerlichen Flügel. Die Jakobiner, eine radikal der Gleichheit verpflichtete Fraktion, die 1793 unter Maximilien de Robespierre eine blutige Diktatur errichtete, erhielten ihren Namen von ihrem Tagungsort, dem Dominikanerkloster St. Jacques in Paris.

allen Rechten aus. Ihre Clubs wurden verboten. Erste Ansätze von weiblicher Beteiligung in der Politik – so im Pariser Stadtrat – wurden zunichte gemacht. Später erließ man sogar ein Versammlungsverbot für Frauen. Mit dem Terror als Drohung im Hintergrund war es nicht schwer, diese Verbote und Beschränkungen durchzusetzen.

A
VINDICATION
OF THE
RIGHTS OF WOMAN:
WITH
STRICTURES
ON
POLITICAL AND MORAL SUBJECTS.

BY MARY WOLLSTONECRAFT.

PRINTED AT BOSTON,
BY PETER EDES FOR THOMAS AND ANDREWS,
Faust's Statue, No. 45, Newbury-Street,
MDCCXCII.

Titelblatt des 1792 in London erschienenen *Plädoyers*

Und doch blieb die Erinnerung an das Pathos der ersten Stunde lebendig. Kaum jemand hat die Stimmung der Morgenröte so gut beschrieben wie Théroigne de Méricourt, hier zitiert nach Emma Adlers *Die berühmten Frauen der Französischen Revolution*: »Als der König nach Paris kam, ich entsinne mich nicht mehr genau des Tages, ging ich mit den Soldaten in Reih und Glied ihm entgegen. Ich war froh, die Rolle eines Mannes zu spielen, denn ich fühlte mich immer äußerst gedemütigt von der Sklaverei und den Vorurteilen, unter denen die Männer unser unterdrücktes Geschlecht halten. Den stärksten Eindruck auf mich machte der Anschein einer allgemeinen wohlwollenden Gesinnung. Der Geist der Selbstsucht schien verschwunden, alle Welt trug sich ohne Unterschied des Standes. In diesem Augenblick der Bewegung mischten sich die Reichen unter die Armen und verschmähten es nicht, weiter mit ihnen wie mit ihresgleichen zu reden. Alle Physiognomien schienen mir geändert, jeder wagte seine Eigenschaften und seine natürlichen Anlagen zu entfalten. Ich habe viele gesehen, die, trotzdem sie in Lumpen gehüllt waren, ein heroisches Ansehen hatten. Sofern man nur irgendwelches Gefühl hat, würde es nicht möglich gewesen sein, ein derartiges Schauspiel gleichgültig mit anzusehen.«

Nicht nur die grausige Kunde vom Terror verbreitete sich über Europa – auch das Hohelied der Brüderlichkeit, das damals wirklich empfunden wurde und das die Frauen der Revolution als Schwesterlichkeit interpretierten. Paris war nicht bloß der Ort, von dem die Aristokraten flohen, es war auch die Stadt, die freie Geister anzog. Im Jahr 1792 reiste eine Engländerin in die französische Hauptstadt, die dort schon bekannt

Mary Wollstonecraft, um 1780

war, besonders unter den lesekundigen, diskutierfreudigen Frauen: Mary Wollstonecraft, eine Autodidaktin, die mit ihrem 1792 in London erschienenen Buch *Ein Plädoyer für die Rechte der Frau* (*A Vindication of the Rights of Woman*) Aufsehen erregt hatte. In Paris findet Miss Wollstonecraft Anschluss an politische Kreise, die den (gemäßigten) Girondisten nahestehen. Sie schreibt gleich wieder ein Buch über die Entwicklung der Revolution, muss sich dann aber verstecken, weil sich der Wind gedreht hat und ihre politischen Freunde verhaftet werden. Was sie schließlich aus Paris vertreibt, ist jedoch nicht der Terror, sondern eine unglückliche Liebe. Was sie zurücklässt, sind ihre Gedanken über die Rechte der Frauen, ist ihr *Plädoyer*, das bis heute neben Olympe de Gouges *Erklärung* zu den grundlegenden Texten der Emanzipation zählt.

Mary Wollstonecraft brachte ihr Pamphlet in wenigen Wochen zu Papier – es war ihr zweiter Versuch, die »Gleichheit« von der idealen Errungenschaft in die Sphäre der Praxis zu überführen, sie auf den lebendigen Boden der Geschichte zu stellen. Mit der *Verteidigung der Menschenrechte* (*A Vindication of the Rights of Men*) hatte sie zwei Jahre zuvor eine Antwort auf Edmund Burkes reaktionäre *Überlegungen zur Französischen Revolution* herausgebracht. Die Schrift *Ein Plädoyer für die Rechte der Frau* führt den großen Gedanken der »Égalité« weiter und dekliniert sein Potential auf dem Feld der Geschlechterbeziehungen durch. »Gebt ihren Fähigkeiten Raum zur Entfaltung und ihren Tugenden die Gelegenheit, stark zu werden, und entscheidet dann, wo der Ort des weiblichen Geschlechts auf der Skala des Geistes ist.« Gewidmet hat Wollstonecraft ihr Buch dem französischen Staatsmann Talleyrand, dem sie wohl 1792 in Lon-

»Die Zeit ist reif für eine Revolution weiblicher Sitten, die den Frauen die verlorene Würde wiedergibt, damit sie als Teil der Menschheit daran arbeiten können, durch eigene Veränderung die Welt zu verändern.«
Mary Wollstonecraft in *Plädoyer für die Rechte der Frau*

don begegnet ist. Talleyrand hatte kurz zuvor eine Schrift über öffentliche Erziehung verfasst, in der das so wichtige und historisch fällige Kapitel einer reformierten Mädchenerziehung fehlte. Das *Plädoyer* sollte den Franzosen veranlassen, seinen Standpunkt zu überdenken.

Frankenstein oder der moderne Prometheus ist das bekannteste Werk Mary Shelleys. Es wird der Schauerromantik zugerechnet, seine Botschaft aber trägt einen zentralen Gedanken der Aufklärung weiter: Der menschliche Geist ist unendlich erfindungsreich. Er muss diese seine Kreativität mit seiner Moral in Einklang bringen. Aber er darf sie nie der Moral (und dem Glauben) opfern. Das ist eine Botschaft, die für die Frauenemanzipation eine zentrale Rolle spielt.

Genau wie Olympe de Gouges fordert Mary Wollstonecraft die Gesetzgeber ihrer Zeit auf, Frauen die vollen Bürgerrechte – die Freiheiten wie auch die Pflichten – zu gewähren. Anders aber als ihre französische Zeitgenossin, der es vor allem um politische Rechte geht, legt Wollstonecraft besonderes Gewicht auf einen Punkt, der bis in die heutige Zeit tatsächlich der »springende Punkt« geblieben ist: Erziehung und Bildung und in der Folge dann Berufstätigkeit und eigenes Geld für Frauen. Als Tochter der Aufklärung erkennt Wollstonecraft im menschlichen Geist – egal, ob männlich oder weiblich – ein Potential, das der Entwicklung, der Förderung, der Unterrichtung und einer möglichst umfangreichen Ausbildung bedarf. Und dass den weiblichen Hirnen ein solcher Vorzug der Förderung gar nicht oder nur in eingeschränkter Form zuteil wird, dass alle Welt meint, es reiche aus, wenn eine Heranwachsende auf Mutterpflichten und Haushaltsbelange vorbereitet werde, hält Wollstonecraft für einen Skandal. Das unterforderte Mädchen flüchtet in Tändelei und Putzsucht und bringt sich auch noch um sein Seelenheil – eine anregende Gefährtin für den Gatten kann die in Unwissenheit Gehaltene keinesfalls werden. Und so verlieren schließlich alle. Leidenschaftlich und polemisch trug Wollstonecraft ihr Plädoyer auf fast dreihundert Seiten vor. Die Öffentlichkeit erschrak und versuchte, die Streitschrift zu ignorieren. Das gelang partiell. Aber in Paris wurde das Werk interessiert aufgenommen und seine Autorin berühmt.

Als Mary Wollstonecraft nach London zurückkehrte, war sie verzweifelt. Sie war Mutter einer Tochter geworden; der Erzeuger, ein Amerikaner, an den sie ihr Herz verloren hatte, war auf und davon. Es bliebe ihr, so dachte Mary, nur der

Selbstmord. Aber dann traf sie den Philosophen William Godwin wieder, einen Freund aus alten Tagen, und die Freundschaft verwandelte sich in Liebe. Obwohl beide nicht an die Ehe glaubten, heirateten sie – um des Kindes Willen, das Mary jetzt von Godwin erwartete. Die Mutter jedoch starb im Kindbett. Die Tochter – auch sie heißt Mary – wird später den Dichter Shelley heiraten und eines der berühmtesten Bücher der Neuzeit schreiben: *Frankenstein oder der moderne Prometheus.* Sie verkündet darin den erfinderischen menschlichen Geist gegen religiöse Tabus – einen Geist, der, wie ihre Mutter es sah, geschlechtslos war, oder: männlich-weiblich.

Musenhöfe und Salons: Konversation als Kunst

Frauen als »Spielführerinnen des Geistes«

Die Einengung der Frauen im Hause folgte, so sah man es noch im 18. Jahrhundert, den Bedürfnissen der Frauen. Als das an Körperkraft unterlegene Geschlecht seien sie darauf angewiesen, dass die Mauern des Hauses und die Autorität des Mannes sie und ihre Kinder vor den rauen Wettern der Realität draußen schützten. Spätestens die Französische Revolution mit ihrer Offenheit für Frauen in den Anfängen und ihrer Härte gegen sie am Ende zeigte, dass es nicht die Hochherzigkeit der Kavaliere war, die Frauen von der Welt fernhielt, dass es auch nicht die Bedürfnisse der Frauen waren, die dazu führten, dass eine weibliche Öffentlichkeit als Skandal empfunden wurde, sondern die *Bedürfnisse der Männer.*

Pariser Salon, 1835

Die Herrschaft der Männer über die Frauen ist ein direkter Niederschlag der männlichen Urwünsche, denn sie teilt den Frauen exakt jenen Lebensbereich zu – und nicht mehr! –, in dem Männer Frauen erwarten, mit ihnen rechnen und ihre Gegenwart als erwünscht betrachten. Und dieser Bereich umfasst Erotik und Sexualität, umfasst die Familie mit dem Nachwuchs des Mannes, umfasst eine gepflegte und erfreuliche Häuslichkeit. Alles, was darüber hinaus geht beziehungsweise jenseits dieser Bereiche existiert und sich den Männern als Herausforderung darbietet – die Sphäre der Macht in Politik und Wirtschaft, die Sphäre der Erkenntnis in Wissenschaft und Forschung, die Religion mit den weit gestreuten kirchlichen Institutionen, die schönen Künste, also Literatur, Malerei, Musik und Architektur, ferner die christliche Seefahrt, die Eroberung der Kontinente und die Kriegskunst –, all das waren Bereiche, in denen Männer *andere Männer* erwarteten, mit ihnen rechneten oder ihre Gegenwart als erwünscht betrachteten. In diesen, verglichen mit dem Hause, sehr viel weiteren, breiteren und stärker herausfordernden Lebensbereichen stellten sich die Männer dem Wettstreit mit anderen Männern, betrieben sie die Kooperation oder Konspiration mit anderen Männern, hier wollten sie unter keinen Umständen auf Frauen treffen. Die Gründe waren nicht nur die Furcht vor weiblicher Konkurrenz – so muss man davon ausgehen, dass der Mathematiker Maupertuis, der auf manche Frage seiner Schülerin Émilie du Châtelet keine Antwort wusste, sich an der Schärfe ihres Intellektes nicht nur freute, sondern sich durch diese Schärfe auch ein bisschen bedrängt fühlte –, ein zusätzlicher Grund war das Bedürfnis der Männer, beim Sich-Messen auf dem Gebiet der Politik, der Kunst oder dem Felde der Ehre keinerlei Irritation durch erotische Ablenkung ausgesetzt zu sein. Da Männer mit Frauen ausschließlich im Bereich Sexualität, Liebe, Familie und Häuslichkeit rechneten, definierten sie im Wege der Projektion das weibliche Geschlecht als ausschließlich für Sexualität, Familie und Haus begabt und (von der Natur) vorgesehen, und sie fühlten sich beim bloßen Anblick von Frauen sofort als potentielle Liebhaber, Väter oder Haushaltsvorstände. Die damit verbundenen Fraktionen ihres

Gefühlslebens aber schalteten sie gleichsam ab, wenn es darum ging, mit anderen Männern zu kommunizieren, zu kooperieren und zu konspirieren, sodass ihnen Frauen in einer Gesprächsrunde im Café, in einer gemeinsam arbeitenden Riege beim Schiffbau oder bei einer Bande, die einen Überfall plant, absolut fehl am Platze, unangenehm störend und als Anschlag auf die göttliche Ordnung der Dinge erschienen.

Männer hatten die äußere Welt als Erfahrungsraum unter sich aufgeteilt und den Frauen nur jene häuslichen Bereiche gelassen, in denen sie, die Männer, auf die Frauen angewiesen waren. Dazu gehörte außer der Erfahrung von Sex, Liebe und Kinderzeugen auch weiblicher Trost und mütterliche Zuwendung. In diesen Bereichen konnten Männer ihrerseits von Frauen abhängig werden. Das war (und ist) der Grund für die Dauerpolemik der freiheitsdurstigen Männer gegen die angeblich rätselhaften und hinterlistigen Frauen. Nachdem die Männer den Frauen die gesamte äußere Welt weggenommen hatten, hassten sie sie dafür, dass sie in dem letzten ihnen verbliebenen Bereich, also in Sachen Sex, Herz und Haus, das Abhängigkeitsverhältnis umzukehren vermochten. Aber der Hass war nur die andere Seite einer Liebe, gegen die sich die Männer nicht zu wehren vermochten und die dann wieder ihr Schicksal blieb.

Die Emanzipation der Frauen lief, so wie die Dinge lagen, darauf hinaus, dass Frauen ihrerseits die äußere Welt eroberten. So machte es Émilie du Châtelet, als sie trotz Verbots ins Café Gradot ging, um an den Debatten über Newtons Physik teilzunehmen. So machte es Théroigne de Méricourt, als sie sich die Waffe, das Symbol der Männlichkeit schlechthin, aus dem Zeughaus griff und mit der Menge die Tuilerien erstürmte. So machte es Olympe de Gouges, als sie Pamphlete drucken ließ, in Clubs das Wort

Madame de Staël, als sie noch Germaine Necker war und im Salon ihrer Eltern brillierte, 1889

ergriff und auf der Tribüne der Pariser Ratsversammlung dazwischenrief. Die Revolution hatte eine neue Öffentlichkeit geschaffen, eine Öffentlichkeit, die noch keine Struktur besaß und der noch kein patriarchalischer Maßstab den Ausschluss von Frauen vorschrieb. Der kam zwar noch vor dem 9. Thermidor. Aber in den Monaten nach der Erstürmung der Bastille bewegten sich Frauen entzückt und inspiriert in einer Sphäre, die ihnen so lange vollständig verschlossen gewesen war. Das war der erste große Schritt hinein in die neuzeitliche Emanzipation.

Es gab nun noch eine andere, gegenteilige, dennoch gleichermaßen emanzipatorische Strategie der Frauen, und das waren die mehr oder weniger berühmten und beliebten *Salons*, die von einer Dame geführt wurden. Statt das Haus zu verlassen, die äußere Welt mit ihrer Öffentlichkeit zu betreten und womöglich stückweise zu erobern, gingen die Salonièren den umgekehrten Weg: Sie holten die Welt zu sich ins Haus, erweiterten den Kreis ihrer Gäste so beharrlich und zielstrebig, bis sich ihr Wohnzimmer, sprich der Salon, in eine ganz eigene Art von Öffentlichkeit verwandelt hatte. Es blieb zwar eine durch den privat-familiären Rahmen begrenzte und geschützte Öffentlichkeit, aber es *war eine Öffentlichkeit* mit bedeutender Tiefen- und Fernwirkung. Die Salonièren sorgten dafür, dass sich in ihrem Hause Menschen verschiedener Stände, Religionszugehörigkeiten, Nationen und Generationen trafen, dass sowohl Männer als auch Frauen auftraten, um im gepflegten Gespräch, aber auch im heißen Disput die Themen der Zeit zu erörtern und einander dabei kennen, schätzen oder kritisieren zu lernen. Die Salonièren als Mittelpunkt dieser natürlich im Einzelnen sehr unterschiedlichen Veranstaltungen setzten die Themen, bestimmten, wer dabei sein durfte, und hielten den Kontakt zu den wichtigsten inspirierenden Geistern, das heißt, sie strukturierten die (kleine) Öffentlichkeit, die sie erschufen, und traten so aus der Abgeschiedenheit der ihnen als

Die Brüder Goncourt, Edmond (1822–1896) und Jules (1830–1870), waren französische Schriftsteller aus betuchtem Hause, die die literarische Schule des Naturalismus mit begründeten. Sie glaubten, dass die Menschen ebenso von ihrer Biologie wie von ihrem sozialen Umfeld bestimmt würden und legten diese Auffassung in vielen Kritiken, Romanen und Betrachtungen vor. Ihr gemeinsames Tagebuch (ab 1851) wird als bedeutendes Dokument für die Chronik jener Epoche angesehen. 1896 stiftete Edmond den Prix Goncourt, der bis heute als prominentester Literaturpreis Frankreichs gilt.

Frauen vom Patriarchat zudiktierten Lebensweise heraus. Die Brüder Goncourt bezeichneten die Salonièren als »Spielführerinnen des Geistes«.

Für begabte und ehrgeizige Frauen, die vielleicht weniger darunter litten, dass sie keine Waffen tragen durften, war der Ausschluss aus der Sphäre der Erkenntnis immer die schlimmste Strafe und die tiefste Demütigung. Im Ruf nach Mädchen- und Frauenbildung, wie er von Mary Wollstonecraft erhoben wurde, klingt das Leid mit, das Frauen durchmachten, wenn ihnen von Seiten ihrer Väter und Brüder (oft auch von den Müttern) bedeutet wurde, ihr Kopf sei für die komplizierten Operationen des Denkens nicht gemacht. Die wenigen, denen es gelang, ans Lesen, Schreiben, Studieren und Forschen heranzukommen und sich darin zu bewähren, spürten ihr Privileg und zugleich die Notwendigkeit, für ihre Geschlechtsgenossinnen denselben Zugang zum Wissen zu fordern. Émilie du Châtelet schrieb: »Wenn ich König wäre, würde ich einen Missbrauch abschaffen, der die Hälftc der Menschheit zurücksetzt. Ich würde Frauen an allen Menschenrechten teilnehmen lassen, insbesondere den geistigen.«

Die Eröffnung eines Salons war für eine intelligente, wissensdurstige und wohlhabende Frau eine gute Möglichkeit, in das Geistesleben ihrer Stadt und ihrer Epoche einzutauchen, ohne das Haus zu verlassen und ohne sich, womöglich in Männerkleidern, Zugang zu Orten zu erschleichen, an denen die Probleme der Zeit gewälzt wurden. Die Salonière blieb ganz Dame und wurde doch viel mehr. Durch ihre Bildung, die sie im Laufe ihres Salonlebens vervollkommnete, erwarb sie den Rang einer *Instanz*, die bei Fragen der Politik, der Kunst, der Wissenschaft herangezogen wurde, deren Meinung und Rat etwas galt, deren Nähe gesucht und deren Einfluss manchmal gefürchtet wurde. Mit einem Wort: Die Salonière gewann *Macht*. Dass diese Macht auf informellen Bahnen verlief, hatte sie mit dem überwiegenden Teil der Spielarten von Macht,

Die **Salonièren** setzten ihre Macht sicher nicht immer zur Erweiterung weiblicher Freiräume ein – aber das ist auch nicht entscheidend. Dass Frauen überhaupt Macht gewannen, die sie mit der List ihrer Vernunft im Hause entwickelten und ausbauten, trug wesentlich zu ihrer Emanzipation bei, zu einem weiblichen Selbstbewusstsein, das die Unterordnungsregeln des Patriarchats brach, während es sie scheinbar – Frau blieb im Haus – einhielt. Der Beitrag der Salonièren zur Emanzipation bestand darin, ein Haus in Öffentlichkeit zu verwandeln und die Themen der Zeit zu bündeln und so eine weibliche Macht anzusammeln, die konkurrenzlos war und ihnen von den Männern nicht bestritten werden konnte.

mit denen Männer ihre Positionen sichern, gemeinsam. Auch männliche Macht entsteht und wirkt nur zu einem kleinen Teil in sicht- und kontrollierbaren Bereichen der Öffentlichkeit. Unterhalb dieser Spitze des Eisbergs ruht das stets auf informelle Säulen gestützte Machtmassiv der Männer.

Frauen – stets hochgestellte, denn es war aufwendig und kostete Geld, einen Salon zu führen – haben auch vor dem 18. Jahrhundert schon illustre Gäste in ihren Häusern versammelt und für künstlerische Darbietungen und interessante Debatten gesorgt. So findet sich in der Renaissance, vor allem an den italienischen Fürstenhöfen – vorwiegend in Rom, Florenz und Venedig, aber auch an kleineren Höfen wie Mantua oder Urbino –, eine von Frauen beeinflusste Geselligkeit, die Züge des Salons – seine Offenheit, seine Diskussionsfreude – vorwegnimmt. Doch erst im Jahrhundert der Aufklärung wird der Salon zur Institution mit dem wichtigen Merkmal Pflege der Konversation als Kunst im Rahmen von Regelmäßigkeit und bewusster Mischung der Stände. Das Bürgertum wurde sich in jener Zeit seiner sozialen und auch intellektuellen Bedeutung bewusst und unterstrich dies dadurch, dass es seine klügsten Köpfe in die Salons entsandte, die dort auftrumpften, ohne dass sie ein »von« oder »de« im Namen führten, was die Salonièren, für die allein der Adel des Geistes zählte, erfreut förderten.

In einem derartigen Klima entwickelten sich die Pariser Salons der Marquise de Tencin und der – bürgerliche – der Madame Geoffrin zu Beginn und in der Mitte des 18. Jahrhunderts. Der berühmteste Salon der Epoche war jener der Montaigne-Verehrerin Madame du Deffand, die von Horace Walpole als »Lebefrau des Geistes« bezeichnet wurde. Auch hier gingen die Enzyklopädisten ein und aus, und die jungen Gäste nahmen den geistigen Atem der neuen Zeit in sich auf. Man besuchte verschiedene Salons und blieb allen treu – das galt zumindest für die »Habitués«, die festen Gäste, mit denen die Salonière immer rechnen konnte.

Die höfische Geselligkeit akzeptierte im Prinzip nur Angehörige der Aristokratie; wer sich durch besondere Verdienste beim Militär oder in den Wissenschaften hervorgetan hatte, wurde geadelt und somit »hoffähig«. Ausnahmen gab es immer, aber im Wesentlichen wollte man im zweiten Stand unter seinesgleichen bleiben. Im Salon des 18. und 19. Jahrhunderts fielen diese Klassenschranken. Große Dichter, interessante Literaten, Musiker und Philosophen aus dem Bürgerstand waren hochwillkommen, waren »salonfähig« einfach aufgrund ihrer Leistung. Womit ein wichtiges bürgerliches Prinzip: Verdienst statt Geburt, sich Geltung verschafft hatte. Die Salonièren als Vermittlerinnen dieser neuartigen Liberalität standen auf Seiten des Verdienstes – wenn ihnen auch die hohe Geburt mancher Gäste nicht ungelegen kam. Aber im Zweifelsfall bedeuteten dem Salon Bildung, Begabung und rhetorische Brillanz eines Gastes weit mehr als die Abkunft von einem Herrscherhaus. So also standen die Salonièren, was die soziale Rücksicht betrifft, bereits auf Seiten der Gleichheit.

In den Salons griffen Frauen ein in öffentliche Auseinandersetzungen – politische, künstlerische, geistige und selbst militärische – und setzten Standards, wie es ihnen früher und außerhalb der Salons nicht möglich gewesen wäre. Hier traten Frauen mit Bedeutung auf, in Funktionen, wie sie zuvor höchstens den Mätressen der Fürsten zugekommen waren. Das war etwas Neues, das veränderte die öffentliche Wahrnehmung von Frauen in der Gesellschaft. Émilie du Châtelet wurde mit ihrer persönlichen Emanzipation und mit ihren Leistungen noch als Quasi-Mann in ihre Epoche eingetragen. Dank der herausragenden Rolle der Salonière war das zwei Generationen später nicht mehr nötig. Einer Madame de Staël, die erfolgreiche Bücher schrieb, sich politisch betätigte und einen Salon führte, hätte niemand ihre Weiblichkeit abgesprochen. Sie stellte etwas dar, sie besaß Talent, Weitsicht, Entschlusskraft und Einfluss. Und sie war eine Frau. Plötzlich war diese Kombination nicht mehr unmöglich. Sie war wirklich.

Germaine de Staël wurde 1766 als einziges Kind des steinreichen Genfer Bankiers Jacques Necker, zeitweilig Finanzminister unter Ludwig XVI., und seiner Frau Suzanne, die ihrerseits einen Salon führte, geboren. Das Ehepaar Necker ließ der intelligenten Tochter eine ausgezeichnete Bildung zuteilwerden; schon die kleine Germaine soll im Salon der

Madame de Staël, 1810

Mutter aufgetaucht sein und den dort verkehrenden großen Aufklärern, d'Alembert und Diderot, knifflige Fragen gestellt haben. Jung schloss Germaine, wie damals üblich, eine Konvenienzehe, sie heiratete den schwedischen Gesandten in Paris, Baron von Staël-Holstein. Kaum unter der Haube, meldete sie den Wunsch an, ein Liebesleben nach eigenem Gusto zu führen und mit dem Baron auf freundschaftlichem Fuß zu verkehren. So kam es. Madame de Staël hatte einen ganzen Reigen Kinder – wahrscheinlich war keines von ihrem Gatten. Zu ihren langjährigen Liebhabern zählte der Literat Benjamin Constant. Ihre größte Liebe war ihr Vater.

Madame de Staël war Republikanerin, was sie nicht daran hinderte, König Ludwig zu verehren. Sie hat ihre politische Position weniger während der Revolution selbst als später in ihrer Dauerfehde mit Napoleon, dessen Kriege sie missbilligte, militant verteidigt. Ausgangsort ihrer Partei- und Einflussnahme war ihr Salon in der Rue du Bac. Die Revolution hatte es vorgemacht: Auf die Freiheit folgte der Terror, auf die Liberalisierung das Verbot und die Verhaftung. Auch Bonaparte wusste die innenpolitische Opposition auszuschalten. Er ließ Germaines Salon schließen und verbannte die Salonière aus Paris, später sogar aus Frankreich. Madame de Staël zog in die Schweiz, in das Schloss ihres Vaters, und führte, wenn sie nicht gerade durch Europa reiste, ihren Salon dort weiter. Mutmaßlich der gesamte europäische Widerstand gegen Napoleon schaute – sofern geistig aufgeschlossen – zwischen 1802 und Waterloo in de Staëls Schweizer Château und ihrem dortigen Salon vorbei.

Weniger glücklich verlief das Leben der Manon Roland, deren Pariser Salon seiner politischen Bedeutung wegen Erwähnung verdient. Auch diese Salonière war hoch gebildet und, ähnlich wie Madame du Châtelet, vor allem in den Naturwissenschaften bewandert. Aber auch die Ökonomie interessierte sie; der Freihandel war es, für den sie eintrat. Während der Revolution stürzte sie sich in die Politik, besuchte Versammlungen der Girondisten – auch ihr Mann gehörte dieser Partei an, er war zeitweilig Innenminister – und stellte ihren Salon für die politischen Debatten zur Verfügung. Der Jakobiner Robespierre bezichtigte sie des Verrats. Im Gefängnis schrieb sie ihre Memoiren. 1793 wurde die berühmte Salonière guillotiniert. Sie war 39 Jahre alt. Als sie das Schafott bestieg, tat sie den berühmten Ausspruch: »Freiheit, was für Verbrechen geschehen in deinem Namen!«

Paris war und blieb lange die Hauptstadt der Salonkultur. Die Autorin Verena von der Heyden-Rynsch schreibt in ihrem Buch *Europäische Salons*: »Die berühmten Salons zu besuchen war eine lebenserfüllende Aufgabe. Jeder Tag, jede Tagesstunde sogar, war einem bestimmten Salon gewidmet. Viele Habitués gehörten mehreren Kreisen an, die Damen rissen sich um die geistreichen Besucher, sodass ein ununterbrochenes kulturelles Hin und Her das Pariser Stadtleben kennzeichnete.« Außerhalb Frankreichs gab es ebenfalls Zentren nicht offiziöser, von Frauen inspirierter und gelenkter Geselligkeit – allerdings ging es dort sehr viel gemächlicher zu. Bleibenden Ruhm immerhin gewann der »Musenhof« der Herzogin Anna Amalia von Sachsen-Weimar – und zwar nicht nur, weil Goethe hier verkehrte, sondern vor allem, weil die Herzogin die Weimarer Geselligkeit mit viel Verstand, Geschmack und Fingerspitzengefühl leitete.

Anna Amalia wurde früh Witwe und war nun Regentin für ihren unmündigen Sohn. Sie beschloss, ihre Macht und ihre Mittel zu nutzen, um den Künsten an ihrem Hof Raum zu verschaffen. Ihre Minister und Berater sollen wenig Sinn für solche Pläne gehabt haben, aber Anna Amalia war eigenwillig. Sie fuhr nach Italien, traf in Rom die deutsche Künstlerin Angelika Kauffmann und freundete sich eng mit ihr an. Diese Dame führte ein offenes Haus und lud Maler, Forscher und Politiker ein. Die Weimarer Herzogin hatte jetzt ein Vorbild. Zurück in Thüringen bemühte sich die Regentin, römische

Der deutsch-italienische Autor Ettore Ghibellino glaubt anhand von Dokumenten belegen zu können, dass nicht etwa die Hofdame Frau von Stein Goethes heimliche Geliebte am Hof von Weimar gewesen ist, sondern die Herzogin Anna Amalia. 2003 veröffentlichte er hierzu eine Studie: ***Goethe und Anna Amalia***. Die gefühlvollen Briefe, die Frau von Stein vom Dichter erhielt, galten, so Ghibellino, in Wahrheit der Herzogin. Die Hofdame sei nur die eingeweihte Botin gewesen. Auch in der Geschichte des Goethedramas *Tasso* erkennt Ghibellino die »verbotene Liebe« (so der Buch-Untertitel) wieder.

Weltoffenheit und Kunstschönheit in Weimar heimisch zu machen. Goethe, den sie in Rom getroffen hatte und der jetzt ihr berühmtester und treuester Habitué wurde, half ihr dabei.

Ein Besuch der berühmten Madame de Staël am Hof zu Weimar im Winter 1803/1804 war selbstverständlich Stadtgespräch. Die Herzogin war »enchantée«. Goethe, um dessentwillen Madame gekommen war, hielt sich zurück. Auch Schiller war für die große Frau, die so viel (für seinen Geschmack zu viel) zu sagen hatte, nicht zu gewinnen. Ihrem unablässig feuernden gallischen Esprit waren die eher schwerfälligen Deutschen nicht gewachsen. Madame ließ es sich nicht verdrießen und verarbeitete solche Erfahrungen in ihrem Buch *Über Deutschland*, das bis heute als Klassiker gilt. Als sie abfuhr, atmeten alle auf. Allerdings vermisste man einen guten Freund und wichtigen Gesprächspartner aus Jena: August Wilhelm Schlegel. Germaine de Staël hatte ihn zum Hauslehrer ihrer Kinder erkoren und einfach mitgenommen.

Jena: Auch hier hatte sich ein Kreis mit Salonqualität gebildet, weiblicher Mittelpunkt war die kluge und reizende Caroline Schlegel. 1763 war sie in Göttingen zur Welt gekommen, hatte, weil es eben sein musste, frühzeitig eine Ehe geschlossen, mit einem Arzt, der ihr nichts bedeutete, und war als junge Witwe zu einer Freundin nach Mainz gezogen. Dort hatte die Französische Revolution die Verhältnisse umgepflügt: Mainz war Republik geworden und Caroline, unter Einfluss von Johann Georg Forster, dem Mann ihrer Freundin, wurde Jakobinerin. Als Preußen und die Reaktion Mainz zurückerobern, wird sie als Aufrührerin inhaftiert. Ihr Bruder eilt ihr zu Hilfe – in Begleitung von August Wilhelm und Friedrich Schlegel, die Caroline aus Jugendzeiten kennen und ihr nun beistehen. Aus Dankbarkeit heiratet sie August Wilhelm und geht mit ihm nach Jena. Sie arbeitet für Zeitschriften, schreibt Rezensionen und hilft ihrem Mann bei seiner Shakespeare-Übersetzung. Um sie herum entsteht der Jenaer Kreis – ein einmaliger bürgerlicher Salon mit starker Ausstrahlung. Ludwig Tieck verkehrt hier; Novalis, Friedrich Schlegel und die unglaubliche Dorothea Veit, die später mit Carolines Schwager Friedrich durchbrennen wird, sind Dauergäste. Die Diskussionen im Kreis handeln nicht nur von Kunst, Literatur und Revolution, sondern auch von neuen Lebensformen. Müsste die Revolution nicht das Private erfassen? Ist die Ehe nicht doch ein Gefängnis? Ahnungen von freier Liebe kommen auf und erregen und verstören diesen »frühromantischen« Kreis. Ein neuer Gast, Friedrich Schelling, als Philosoph von Goethe gefördert, erobert Carolines Herz. Um seinetwillen verlässt sie August Wilhelm.

Obwohl der Musenhof der Anna Amalia von Weimar und der Jenaer Kreis um Caroline Schlegel-Schelling über die Grenzen Thüringens hinaus bekannt werden, sind es doch nicht diese Salons, die als Vorbilder für eine neue, weiblich dominierte Geselligkeit in der preußischen Hauptstadt in Frage kommen. Von Berlin aus blickt man in Sachen Kultur nach Frankreich. Friedrich der Große hat diese Verbindung gefestigt, und sie lockert sich auch nicht, als Napoleon den Preußen auf den Pelz rückt. Die neue Berliner Salonkultur versieht ein Thema der Aufklärung mit besonderem Nachdruck, und das ist die *Toleranz*. Die Katholiken sollen mit den Protestanten auskommen und alle beide mit den Juden. Die berühmtesten Berliner Salons der romantischen Epoche werden von Jüdinnen geführt, und die beiden ersten und einflussreichsten, Henriette Herz und Rahel Levin Varnhagen, waren in ihrer Jugend, wie Salonforscherin von der Heyden-Rynsch berichtet, gern gesehene Gäste im Haus von Moses Mendelssohn. Dort lernten sie, was Toleranz ist oder sein könnte – und mehr: Sie lernten das philosophische Denken, gescheites Konversieren und einen gewissen Stolz auf ihre Herkunft. Des Weiteren gebildet durch Bemühungen des Elternhauses erwarben Herz und Levin Varnhagen die Voraussetzungen, anregende und aufregende, bald über die Stadt hi-

Der Philosoph und Schriftsteller **August Wilhelm Schlegel** (1767–1845) gilt gemeinsam mit seinem Bruder Friedrich Schlegel als wichtiger Mitbegründer der deutschen Romantik in der Literatur. Bekannt ist er heute vor allem durch seine kongeniale Übersetzung der Werke William Shakespeares. Seine Frau Caroline Schlegel führte in Jena den nach dieser Stadt benannten »Kreis«, einen bürgerlichen Salon mit großer Ausstrahlung. Die Salonière wandte sich dem Philosophen Friedrich Schelling zu; August Wilhelm reiste mit Madame de Staël als Adlatus durch Europa.

naus bekannte Salons zu führen. Sie waren dadurch, dass sie zu einer Minderheit gehörten, der immer noch entscheidende Bürgerrechte fehlten, ideal geeignet – besser sogar als ihre Pariser Vorbilder –, Bürger, Adlige, Künstler, Gelehrte und Politiker der verschiedenen Nationen und Bekenntnisse in ihren Salons unter dem Zeichen der Toleranz zusammenzuführen und so zu beweisen, dass der Sieg über Vorurteile der Begegnung und Berührung zwischen Fremden entspringt. Beide Salons wurden legendär als Beiträge zu einer Kultur der Humanität in Fortsetzung der Aufklärung.

Henriette, 1764 als Tochter eines jüdischen Arztes geboren, heiratete fünfzehnjährig den mehr als doppelt so alten Medicus und Philosophen Marcus Herz, der ein Lieblingsstudent von Kant gewesen war. Während Marcus im Herrenzimmer philosophische Vorlesungen hielt, betrieb Henriette im Salon einen literarischen Zirkel, der nach und nach auch die Neugier der Zuhörer ihres Mannes weckte. Länger als zwanzig Jahre führte die schöne, warmherzige Henriette in ihrem Salon alle Stände, Ränge und Altersstufen zusammen, man verehrte Goethe, diskutierte über Ästhetik und war froh, sich zwanglos austauschen zu dürfen – ohne die vom Hofleben, aber auch von akademischen Zirkeln her gefürchtete, den Geist stillstellende Etikette beachten zu müssen. Die Brüder Humboldt wallfahrteten zu Henriettes Salon, Jean Paul, Friedrich Schleiermacher, Gottfried Schadow und der Prinz Louis Ferdinand kamen oft und gerne. Dorothea Veit, älteste Tochter von Moses Mendelssohn, lernte im Herz'schen Salon ihren späteren Mann Friedrich Schlegel kennen – den nachmaligen Autor des teil-biographischen Skandalromans *Lucinde*, in dem sie selbst, Do-

Henriette Herz, deren Salon Sammelpunkt der Frühromantiker war, um 1802

rothea, porträtiert ist. Henriette beherrschte mehrere Sprachen, darunter Türkisch, und war so die ideale Vermittlerin zwischen unterschiedlichen Standpunkten, Talenten und Nationalitäten.

Beide großen jüdischen Salonièren, **Henriette Herz** und **Rahel Levin**, haderten zwischenzeitlich mit ihrem Judentum und ließen sich schließlich taufen – woraus zu ersehen ist, dass die Toleranz eine wichtige Losung jener Zeit gewesen ist, aber, trotz der Vorarbeit der Salonièren, keine nachhaltige Praxis. Das galt auch für die Emanzipation der Frauen. Die Biedermeier-Ära, die jetzt heraufdämmerte, hatte mit Rahels freiheitsdurstigem, risikofreudigen Frauentypus nichts im Sinn.

Der Salon von Rahel Levin (später verheiratete Varnhagen von Ense), geboren 1771, war insofern etwas Besonderes, als er zunächst in einer schlichten Dachstube stattfand. Der Verzicht auf äußerliche Finessen signalisierte: Hier geht es um Inhalte; wer etwas zu sagen hat, ist willkommen, wer bloß etwas darstellen will, möge in sich gehen. Die Gästeliste wies große Schnittmengen mit der von Henriette Herz auf: Der Prinz Louis Ferdinand kam ebenfalls zu Rahel, so auch Wilhelm von Humboldt, Jean Paul und Friedrich Schlegel, des Weiteren erschienen Heinrich Heine, Ludwig Börne und die Familie Mendelssohn. Rahel war eine geschwinde Denkerin, schlagfertig, witzig, manchmal bissig. In ihr hatte das Salonwesen eine »Spielführerin des Geistes«, die sich nicht davor fürchtete, konventionelle Frauenbilder in Frage zu stellen; in ihrer Dachstube war die Emanzipation nicht bloß Formsache, sondern umstrittener Inhalt.

Nach der Niederlage Preußens gegen Frankreich entstand unter den Intellektuellen Berlins ein defensiver Patriotismus, in dem antisemitische Untertöne mitschwangen. Rahel musste ihren Salon schließen. Sie vereinsamte. Erst die Heirat mit dem jungen Diplomaten Varnhagen führte sie aus der Isolation; sie eröffnete einen zweiten Salon, in dem es gesetzter und politischer, auch eleganter zuging als einst in der Dachstube. Bettine von Arnim kam zu Besuch, auch der Philosoph Hegel, der hier mit Heine ein ernstes Gespräch am Fenster geführt haben soll.

Mehr oder weniger glanzvolle Salons entstanden während des 18. und 19. Jahrhunderts in vielen europäischen Großstädten, so auch in Wien, Rom und Kopenhagen, die internationalen Kontakte waren den Salonièren ein wichtiges Anliegen. Einen Sonderweg beschritt England. Dort hatten weiblich dominierte Geselligkeiten kaum eine Chance. Die Tradition der literarischen Cafés, die keine Frauen zuließen, war schon zu alt und zu fest verwurzelt. Und wer erfahren hat, wie zäh die Engländer insbesondere milieuspezifische Traditionen verteidigen, kann sich vorstellen, wie schwer es die Frauen gerade in merry old England hatten, in die Männerbastion »literarische Geselligkeit« vorzudringen. – Einige schafften es gleichwohl, so Lady Elizabeth Montagu, geboren 1720, eine betuchte und gelehrte Dame, die einen viel gelesenen Essay über das Genie William Shakespeares verfasste. Ihren Salon, in dem das Kartenspiel zugunsten der interessanten Konversation zurückgedrängt worden war, frequentierten anfangs Horace Walpole, Hannah More, Edmund Burke, David Garrick, Sir Joshua Reynolds. Nach und nach wandelte er sich zu einem reinen Frauensalon, man nannte diese weibliche Society »Blaustrümpfe«. Zur Erklärung dieser Bezeichnung, die später abwertend für belesene und dichtende Frauen verwendet wurde, gibt es verschiedene Versionen. Verbürgt ist: Zu formellen Anlässen trugen die Herren weiße oder scharze Strümpfe, blaue Socken standen für informelles, zwangloses Zusammensein. Das europäische Patriarchat war glücklich, einen Sammelbegriff zu haben, mit dem es seinen Angstgegner, das gelehrte, schöpferische Weib, belegen konnte, und tobte sich in Karikaturen und Spottgedichten aus. So dichtete ein Herr Oskar Blumenthal Ende des 19. Jahrhunderts: *Alle deine poet'schen Siebensachen – / Ich schätze sie nicht ein Pfifferlein. / Nicht sollen Frauen Gedichte machen: / Sie sollen versuchen, Gedichte zu sein.*

Horace Walpole, Earl of Orford (1717–1797), war ein englischer Politiker und Schriftsteller. Er reiste viel, verkehrte gern in Salons und war als Romanautor ein Vorläufer der Schauerromantik. Außerdem inspirierte er maßgeblich die englische Gartenkunst. Über Madame Geoffrin, eine bürgerliche Salonière in Paris, mit der er 1765 zusammentraf, schrieb er: »Sie hat eine Art, mich zu tadeln, die mich entzückt. Niemals habe ich jemand gesehen, der so heftig die Fehler, die Eitelkeiten und die Falschtuerei eines jeden angreift. Ich ernenne sie zu meiner Seelenführerin.«

Zu fragen bleibt, warum die Männer insbesondere auf dem Kontinent es zuließen, dass Frauen vermittels ihrer Salons eine so große Bedeutung erlangen konnten. Die Antwort könnte sein: Männer, die einen Salon aufsuchten, gingen zu einer Frau nach Hause, weil sie eingeladen waren. Darin lag im Sinne der Geschlechterordnung nichts Anstößiges. Und diese Männer kamen immer wieder, obwohl sie bald merkten, dass die weibliche Zentralfigur der Salongeselligkeit Einfluss gewann, indem sie Stile kreierte, Sitten prägte und Themen vorgab. Das störte sie aber nicht weiter, so lange sie nur selbst auf ihre Kosten kamen. Und das geschah.

Rahel Varnhagen, um 1870

Die Habitués suchten die Salons nicht auf, um der Dame des Hauses zu Füßen zu liegen (obwohl das vorkam), sondern um *andere Männer zu treffen.* Wo konnten sie schon auf eine derart lockere Weise, im Beisein einer verständnisvollen Salonière, Kontakt mit Geistesgrößen aufnehmen, die ihnen woanders nicht so leicht über den Weg liefen, wo konnte Heine mit Hegel so entspannt und trotzdem tiefgründig parlieren? Wo konnten junge Habitués ihren Witz besser schulen, ihren Humor auf die Probe stellen und ihr Wissen erweitern, als im Salon? Wo so zwanglos Bekanntschaften schließen, Informationen gewinnen und Verabredungen treffen? Es kam auch vor, dass Paare in den Salons zueinanderfanden, siehe Friedrich und Dorothea Schlegel. Selbst Goethe soll, neueren Forschungen zufolge, der Herzogin Anna näher gekommen sein, als man bislang vermutet hatte. Aber der Sinn des Salons war nicht das Verkuppeln von Mann und Weib, sondern von Gedanke und Gedanke, These und Antithese, Gefühl und Verstand. Diese sublimen Prozesse der menschlichen Kommunikation fanden vorwiegend unter Männern statt, wenngleich es die Salonière war, die sie anstieß. Die Erotik, um die es in den Salons ging, war eine des Geistes, und darin waren Männer zu jener Zeit meist besser geschult als Frauen. Die Salonièren waren Ausnahmen, denn auch sie verstanden sich auf die Kunst des feinsinnigen Gedankenaustauschs. Und wenn sie schon nicht am Beginn ihrer Gastfreiheit so weit waren, eine Konversation kunstvoll zu führen – dann lernten sie es in ihrem Salon.

Die Ehemänner der Salonièren übrigens blieben meist im Hintergrund. Sie tauchten auf, beteiligten sich vielleicht an einem Gespräch, tranken ein Glas und zogen sich zurück. So sah ihre Rolle aus. Oft auch waren die Gastgeberinnen verwitwet.

Das hing damit zusammen, dass zu Zeiten der Konvenienzehe die Töchter des Adels und des vermögenden Bürgertums gern im Alter von vierzehn oder fünfzehn Jahren an einen manchmal dreimal so alten Mann verheiratet wurden, siehe Madame Geoffrin oder Henriette Herz, übrigens auch Lady Montagu. Der Gatte starb dann gewöhnlich lange vor seiner Frau, und die Witwe, sofern materiell gut versorgt, konnte sich oft erst nach seinem Tod als Salonière so richtig entfalten. Von der Heyden-Rynsch schreibt über den Ehemann der Madame Geoffrin, die einen sehr beliebten Salon führte: »Ihr vermögender Gatte ertrug es geduldig, er war nicht übermäßig an Literaten und Philosophen interessiert, aber stets bereit, seine viel jüngere Frau zu unterstützen. Eines Tages fragte ein Habitué des Salons: ›Was ist aus diesem alten Herrn geworden, der immer am Ende des Tisches saß und schwieg?‹ Die Gastgeberin antwortete lakonisch: ›Das war mein Mann, er ist gestorben.‹«

So wichtig es für den klassischen Salon des 18. und des frühen 19. Jahrhunderts war, dass sich in ihm die Stände mischten (also bürgerliche Habitués von adligen Damen empfangen wurden wie auch umgekehrt adlige Schöngeister es nicht verschmähten, eine bürgerliche Salonière aufzusuchen), so bleibt es doch wahr, dass Idee und Wirklichkeit des von Frauen geführten Salons eine Blüte aristokratischer Lebenskunst gewesen sind. Seit die Mätressen der Fürsten über Ministerberufungen, Steuerfragen, Verwaltungsreformen und selbst Krieg und Frieden mitbestimmten, richtete sich das Verlangen der Frauen auch im übrigen Adel auf eine gewisse Partizipation an öffentlichen Belangen. Die Aristokratin war dadurch, dass sie eine breitere Bildung genossen und es gelernt hatte, mit informellen Anteilen von Macht und Einfluss umzugehen, schon ein wenig emanzipierter als der Rest der Frauenwelt. Hinzu kam die sexuelle Freiheit, die sie sich nehmen konnte, wenn sie denn wollte. Die andere Seite der sogenannten Konvenienzehe war die Freiheit beider Partner, zur Befriedigung ihrer Leidenschaft fremdzugehen – wobei allerdings der Druck auf die Frauen, ihre Liebschaften geheim zu halten, stärker war. Aber immerhin: Die Damen des Adels hatten bei entsprechender Neigung und Kühnheit (womit die Bereitschaft gemeint ist, die religiösen Vorgaben zu ignorieren) die Möglichkeit, vielfältige erotische Erfahrungen zu sammeln. Das trug zur Vervollkommnung ihrer Persönlichkeit und zur Ausbildung einer gewissen Autorität bei. Aus all diesen Voraussetzungen erwuchs die Ära der Salonière. Der bürgerlichen Spielart des Salons blieb gar nichts anderes übrig, als die Aristokratin nachzuahmen. Die Ahnin all der wunderbaren Salondamen von Madame de Tencin bis zu Rahel Levin ist also die italienische Patriziertochter oder französische Generalsgattin, die irgendwann einmal zu ihrem Mann sagte: »Lass mich mein eigenes Leben leben« und nach dem wohlwollenden Nicken des seinerseits mit einer Geliebten beschäftigten Gemahls hinging, Wein, Brot und Früchte bestellte und interessante, auf dem Felde von Kunst, Poesie und Politik hervorgetretene Zeitgenossen einlud. Durchaus in der Absicht, sich in den brillantesten zu verlieben. Oder auch: ihn im geistvollen Disput zu übertrumpfen. Oder beides.

Was wurde aus dieser quasi- oder teil-emanzipierten hochgestellten Frau nach der Französischen Revolution und nach der immer weitergehenden Machtübernahme des Bürgertums? Sie wurde beargwöhnt. Sie wurde geschmäht. Sie wurde entthront. Ihre Selbstinszenierung galt als frivol, ihre Macht als angemaßt, ihr Lebensstil als unsittlich. Das Bürgertum bestand auf der braven, treuherzigen, häuslichen Frau. Damit versiegte ein Strom der Emanzipation, dessen Makel es allerdings gewesen war, dass er auf Privilegien beruhte.

»Das Weib im Konflikt mit den sozialen Verhältnissen«

Biedermeier, Märzrevolution und Frauenfrage

Revolutionen wecken Hoffnungen, und sie machen Angst. Für die Frauen hatte das Ende des 18. Jahrhunderts große Hoffnungen formuliert. Von Gleichberechtigung war die Rede, von Möglichkeiten der Teilhabe am öffentlichen Leben, von Bildung, Eigentum und selbstbestimmtem Leben. Solche Töne verbreiteten sich von Frankreich aus in Europa, aber auch in Amerika, ein Land ohne König, Hofhaltung und Salons, ein Land der Pioniere, der Siedler, Farmer und Händler, ein bürgerliches Land, in dem es die Gleichheit als Idee und Praxis leichter hatte: Auch aus der Neuen Welt kam Kunde von Mädchenbildung und weiblicher Selbständigkeit. Amerika hatte ja seinerseits eine Revolution erlebt – einen Unabhängigkeitskrieg, aus dem es siegreich hervorgegangen war. Es war keine britische Kolonie mehr, und es inspirierte die Franzosen bei ihrem Kampf um eine Verfassung. Frauen hatten auch in Amerika mitgekämpft, zwar nur vereinzelt, doch immerhin. Die Idee, dass eine Frauenexistenz unabhängig vom Mann Gestalt annehmen könnte, entstand auch jenseits des Atlantiks.

Clara Barton, um 1853. Sie gründete 1853 die erste freie Schule in New Jersey und wurde 1854 die erste weibliche Regierungsangestellte der USA. 1881 gründete sie das Amerikanische Rote Kreuz.

Die Frauen in Europa, auch solche, die nach keinerlei Emanzipation strebten, erfuhren davon und wunderten sich. Die Idee der Gleichberechtigung reizte manche und erschreckte andere, den meisten schien sie einfach irreal. Alle sozialen, psychologischen und geschlechterspezifischen Vorstellungen waren zu Beginn des 19. Jahrhunderts noch religiös ummantelt, besonders bei den Frauen. Daran hatte die Aufklärung nur wenig ändern können. Und so sagten die Frauen der Biedermeierzeit, auch jene, die ihre Brüder um ihre Bildung beneideten und die sich gegen ihre Männer wegen deren herablassender Haltung ihnen gegenüber auflehnten: Gleichberechtigung? Wie kann das sein? Warum hat Gott der Herr zwei Geschlechter geschaffen, von denen das eine, das männliche, unternehmungslustig und ungestüm, das andere, das weibliche, sanftmütig und hingebungsvoll ist? Was damit zusammenhängt, dass die Männer sich die Erde untertan machen müssen, während die Frauen Kinder gebären, die nur groß werden, wenn sie umhegt werden von den Frauen? Und so weiter. Die Zeit zwischen dem Wiener Kongress 1815 und den europäischen Revolutionen von 1847 und 1848 war eine hohe Zeit der Familie in ihrer traditionellen bürgerlichen Gestalt. Der Mann schaffte draußen für das Glück der Seinen, und die Frau waltete drinnen als »züchtige Hausfrau und Mutter der Kinder«.

Wiener Kongress: Nach Napoleons Niederlage musste Europa neu geordnet werden. Dafür trafen sich, unter Vorsitz des österreichischen Außenministers Metternich, im September 1814 bis zum Juni 1815 Delegierte aus 200 europäischen Staaten, darunter viele Herrscher. Man einigte sich auf eine konservative Lösung, was vor allem hieß: Stärkung der Monarchie. In Frankreich kehrten die Bourbonen unter Ludwig XVIII. an die Macht zurück. Die Verhandlungen verliefen zäh, die Interessengegensätze waren stark. Kaiser Franz I. aber sorgte für glanzvolle Bälle. So hieß es: »Der Kongress tanzt, aber er kommt nicht voran.«

Diese Zeile aus Schillers *Glocke* ist gewiss tausendfach zitiert worden, seit das Gedicht entstand. Meist mit normativem Nachdruck. Manchmal mit Stirnrunzeln und Kopfschütteln. Caroline Schlegel-Schelling soll sich über die *Glocke* und das darin propagierte Frauenbild schiefgelacht haben. Frauen wie sie gab es als Einzelerscheinungen zu allen Zeiten. Die große Frauenmehrheit aber wollte damals gern so sein und walten, wie Schiller es pries. Denn die Revolution machte auch Angst. Von den Bauern, die zu eben jener Zeit, am Beginn des 19. Jahrhunderts, in Preußen aus der Leibeigenschaft entlassen wurden, wird berichtet, dass viele von ihnen zu ihrem Grundherrn pilgerten und ihn baten, sie mit der Freiheit zu verschonen. Der Mensch ist ja auch ein Gewohnheitstier, und wenn er sich in seinem Elend erst mal eingerichtet hat, will er irgendwann nicht mehr raus. Die Frauen waren mehrheitlich, es muss so festgehalten werden, nicht besser und nicht mutiger als die hörigen Bauern.

Glücklicherweise sorgen die Wechselfälle der Geschichte dafür, dass selbst eingefleischte Heimchen von Zeit zu Zeit vom Herd aufgescheucht werden, von den eh unzufriedenen, kritischen oder gar tatendurstigen Frauen ganz zu schweigen. In den beiden Jahrzehnten nach dem Wiener Kongress arbeitete einerseits die konservative Reaktion im Geiste von Fürst Metternich an der Wiederherstellung der alten vorrevolutionären und vornapoleonischen Zustände, andererseits betrieb der demokratische Fortschritt die Durchsetzung der Verfassung, des allgemeinen Wahlrechts und der Republik. Beide konträren Strömungen wurden befeuert von den mächtigen Antriebskräften Hoffnung und Angst, und beide waren stark genug, um sich wechselseitig aufs Äußerste zu reizen. Die Frauen hingen teils angstvoll, teils hoffnungsfroh dazwischen und rechneten auf ihren Vorteil: dass die gute alte Zeit wiederkehre und sie als züchtige und tüchtige Hausfrauen weiterhin zeigen dürften, was in ihnen steckte. Oder aber dass neue Zeiten anbrechen möchten und Frauen aus dem Schatten des Hauses und der Männer heraustreten könnten. Letzteres hoffte nur eine Minderheit. Aber auch für ersteres gab es keine Mehrheit, denn eine große Anzahl von Frauen aller Altersklassen, wusste nicht recht, was sie wollte. Sie spürte ein dumpfes Unbehagen, wenn die Eltern den Ehemann aussuchten und wenn der Ehemann die Lebensführung bestimmte, konnte sich aber eine Alternative nicht vorstellen und nahm deshalb ihr Los hin, auch wenn sie mit ihm haderte. Diese Frauen mussten aufgeklärt und aufgewiegelt werden, so dachten die wenigen gebildeten und zugleich freiheitsdurstigen Frauen, die ersten Schriftstellerinnen und Journalistinnen, die es wagten, neue Töne anzuschlagen, die Töchter der Salonièren, die nicht mehr bereit waren, daheim rumzusitzen, sondern etwas tun wollten und sich dann da engagierten, wo Frauen das durften: in der Armenpflege, in der Mädchenbildung, im brieflichen und journalistischen Austausch zu den Fragen der Zeit. Es war die Ära neu entstehender Frauenvereine, erster Frauenzeitungen und einer Frauenliteratur, die nach der gründlich durchdeklinierten »Empfindsamkeit« jetzt neue, rauere, politische Töne anschlug.

George Sand, 1839

Eine herausragende Schriftstellerin gab es, die zwar auf dem Felde der Empfindsamkeit, das heißt der eher privaten Konflikte von Herz und Seele, verblieb, aber *dabei zugleich* rauere, politische Töne anschlug. Das war die französische Romanautorin George Sand. Das Echo, dass ihre Werke weckten, war enorm und hallte in ganz Europa wider. Wie kam das?

Madame Sand bewegte sich, ähnlich wie ihre Vorgängerin Germaine de Staël, in der Politik und in Fragen der Frauenrechte mit derselben Sicherheit wie auf dem Felde der schönen Literatur und der damit zusammenhängenden Geschlechterpsychologie. Sie ging stets von ihrer eigenen Erfahrung aus. Und die war recht bitter, fand sie – zumal, was die Liebe betraf. Die 1804 als Aurore Dupin in Paris geborene Offizierstochter heiratete als junges Mädchen einen Baron, bekam zwei Kinder und warf sich, fasziniert von der Julirevolution 1830, mit einem jungen Geliebten in den politischen Journalismus. Von ihrem Mann trennte sie sich, erst Jahre später kam es zur Scheidung. (Scheidungen waren durchaus schwierig und selten, allemal wenn eine Frau sie verlangte.) In ihrem 1833 erschienenen dritten Roman *Lelia* fallen Worte wie »rasende Gier« und »unauslöschliches Feuer«. Damit beschreibt Sand das sexuelle Begehren ihrer Heldin, das weder vom tölpelhaften Ehemann, noch von unerfahrenen oder nur an der eigenen Wollust interessierten Liebhabern gestillt werden kann. *Lelia* war zeitweilig ein Beiname der Schriftstellerin, sie verhehlte nicht, dass sie von sich selber sprach. Damit hatte sie ein Thema gefunden, das erst in der neuen Frauenbewegung 150 Jahre später wieder akut werden sollte: die Sexualität der Frauen. Die schildert sie als unerforschten Kontinent, von dem die Männer des rechtschaffenen Bürgertums überzeugt waren, dass er gar nicht existiere, außer als Bereitschaft der Frauen, dem Mann zu Willen zu sein und ein Kind zu empfangen. Sand berührte hier einen Punkt, der wirklich sehr wund war. Man sprach damals nicht von Sexualität, das Wort war noch nicht erfunden, man umschrieb eher metaphernreich, was ein Paar im Bett so tat und fühlte, und hielt den Orgasmus für eine männliche Spezialität. Die sexuell aktiven Damen des Adels, die es besser gewusst hätten, konnte man kaum noch fragen. Sie waren entweder unter der Guillotine gestorben, geflüchtet und deshalb von anderen Sorgen bedrückt oder einfach nicht bereit, der bürgerlichen Prüderie etwas entgegenzusetzen. George Sand aber *sprach* von dem gewaltigen Skandal der Unterdrückung weiblicher Lust. »Wir ziehen unsere Töchter auf wie Unschuldslämmer«, schrieb sie in einem Brief, »und geben sie dann preis wie Stutenfüllen.«

Auch Sand redete keinen Klartext, sondern bediente sich, dem Stil der Zeit folgend, blumiger Umschreibungen. Aber ihre Leserinnen verstanden sie genau. Jetzt hatte die Emanzipation einen neuen Fokus: den Körper der Frau und sein Schicksal, das sich eben nicht nur im Kinderkriegen erfüllen musste. Fast alle Schriftstellerinnen wandten sich diesem Fokus indirekt zu, indem sie die Konvenienz- und Vernunftehe auf den Prüfstand schickten, die hohen Kosten reflektierten, die solche Fremdbestimmung für die Frauen aufwarf, und unverblümt die Liebesheirat forderten. In Deutschland taten dies mit besonderem Nachdruck die Autorinnen Louise Dittmar und Fanny Lewald. Während des ganzen 19. Jahrhunderts blieb das Thema Vernunft- versus Liebesheirat virulent, es wurde hundertfach variiert. Und wenn von Gefühlen die Rede war, ging es auch um Lustgefühle, die nur ein geliebter und begehrter Mann auslösen konnte.

George Sand übrigens warb für die Emanzipation auch durch ihren Lebensstil: Sie ging in Männerkleidern einher, trug Zylinder, rauchte in der Öffentlichkeit und hatte nichts dagegen, dass ihre mannigfachen Liebschaften, darunter mit so prominenten Zeitgenossen wie Alfred de Musset und Frédéric Chopin, publik wurden. Bei ihr hatten die Männerkleider eine andere Funktion als noch bei Émilie du Châtelet. Sand wollte nicht für einen Mann gehalten werden, sondern durch ihr Äußeres demonstrieren, dass sie entschlossen war, sich

Die deutsche Schriftstellerin **Fanny Lewald** (1811–1889) schrieb ihr Leben lang gegen eine doppelte Diskriminierung an: Sie war Jüdin, und sie war Frau. Aber sie beklagte sich weniger, als dass sie ihre Leidensgenossinnen zum Widerstand aufrief. Von den Juden verlangte sie ebenso eine kämpferische Einstellung gegen die Vorenthaltung gleicher Rechte wie von den Frauen. Im Alter begeisterte sich Lewald für Bismarck und gab ihre sozialreformerischen Ideale auf.

Versammlung eines Dienstmädchenvereines um 1848. Das im März 1850 in Kraft getretene preußische Vereinsgesetz schränkte das Versammlungs- und Vereinsrecht derart ein, dass es Frauen die Mitgliedschaft in politischen Vereinen untersagte. Daher organisierten Frauen »Kaffeekränzchen« und andere scheinbar unpolitische Zusammentreffen, auf denen jedoch Geld gesammelt und Vorträge gehalten wurden.

dieselben Freiheiten zu nehmen wie ein Mann. Ihr Pseudonym kann entsprechend interpretiert werden.

Auch in Deutschland gab es einen Skandalroman von ähnlicher Wirkung wie Sands Werk, und das war Friedrich Schlegels *Lucinde*. Er hatte darin seine Liebe zu und mit Dorothea Veit in starken Farben geschildert. Das zwischenzeitlich von der Zensur unterdrückte Romanfragment ordnet zwar in durchaus traditioneller Manier die Weiblichkeit der Natur und die Männlichkeit dem Geist zu, weist aber der sinnlichen Liebe einen zentralen Platz in der Geschlechterbeziehung an. Eine Ehe, der es an *gemeinsamer* Lusterfahrung fehle, könne nicht glücklich sein. Damit war der Mann als einsamer Jäger im Garten der Lüste in Frage gestellt, desgleichen die in holder Passivität aufgehende Frau. Grund genug für die Zensoren, ihre Ohren zu spitzen. Aber das Publikum hatte schon begriffen. Das männliche war empört, das weibliche verwirrt, irgendwie waren alle fasziniert. Die Vorstellung, dass eine erotisch aktive Frau etwas anderes sein könne als eine Hure und dass die bürgerliche Eheordnung den Frauen ein ganz besonderes, ein körperliches, reiches, ihnen zustehendes Glück vorenthielt, brach sich Bahn. Sie hatte es vorerst noch schwer, allgemein zu werden, und zerschellte immer wieder an den Mauern religiöser und patriarchischer Vorbehalte, aber sie war in der Welt.

Die Julirevolution in Frankreich und die Erhebungen, die in deutschen Ländern folgten, mobilisierten auch die Frauen und führten zu einer breiten Bewegung von Club- und Zeitungsgründungen. Am Hambacher Fest 1832, einer Art Massendemonstration für die Einheit Deutschlands, nimmt eine große Menge Frauen mit eigener Fahne teil. In Paris entsteht die Zeitung *La femme libre*, die Initiatorinnen sind von dem Sozialisten Saint-Simon beeinflusst. In Deutschland tritt eine Frau namens Mathilde Franziska Anneke auf den Plan. Sie veröffentlicht eine Schrift mit dem Titel *Das Weib im Konflikt mit den sozialen Verhältnissen.* Anneke hatte sich in einem Buch festgelesen, das von einem Königsberger Beamten namens Theodor Gottlieb von Hippel verfasst und 1792 herausgegeben worden war. Es trug den Titel *Über die bürgerliche Verbesserung der Weiber und über die weibliche Bildung.* Hippel, ein Freund Kants, war fast der einzige männliche Autor in deutschen Landen, der den Gedanken der Gleichheit konsequent auf den weiblichen Teil der Menschheit ausgedehnt und volle Bürgerrechte wie auch Bildung für Frauen gefordert hatte. Von diesen Zielen rückte er auch im Lauf seiner Karriere in der preußischen Verwaltung nicht ab. Da er witzig zu formulieren verstand, lasen sich seine Texte gut, und die begeisterte Mathilde Franziska Anneke entschloss sich, in seine Fußstapfen zu treten, seine Gedanken mit den ihren zu verschmelzen und erneut für die Frauenemanzipation in Wort und Schrift zu streiten.

Mathilde Franziska Giesler wurde 1817 als Tochter eines Bergwerksbesitzers geboren. Die Geschäfte liefen nicht gut für Giesler, die Familie verarmte und hoffte, durch Heirat Mathildes mit dem betuchten Weinhändler von Tabouillot ihre Schulden loszuwerden. Herr von Tabouillot aber schlug seine Frau, die floh mit der neugeborenen Tochter aus der ehelichen Gemeinschaft und verlangte die Scheidung. Seitdem der auch in Westfalen gültige Code Napoléon die Zivilehe eingeführt hatte, war die Scheidung möglich – allerdings kam es so gut wie nie vor, dass eine Frau sie einreichte. Mathilde musste für ihre Unverfrorenheit büßen, zwar wurde sie nach jahrelangem Rechtsstreit geschieden, erhielt aber kaum Unterhalt. Außerdem galt sie als gefallene Frau, Familien, die auf sich hielten, empfingen sie nicht. Für die Frauenemanzipation war das nur gut so, denn Mathildes Wut auf die »sozialen Verhältnisse« wuchs, und die schriftstellerisch begabte, schon mit Gedichten hervorgetretene Frau musste sich jetzt selbst erhalten. Das tat sie durch journalistische Arbeiten für die *Kölner Zeitung* und die *Augsburger Allgemeine Zeitung.* So kam das Frauenthema in die Gazetten.

1847 heiratet Mathilde in Köln den wegen Insubordination entlassenen Offizier Fritz Anneke. Im selben Jahr erscheint ihre Streitschrift, ein Jahr später die von ihr gegründete *Frauenzeitung*. Das rebellische Paar knüpft Verbindungen zu Kommunisten, Herwegh, Freiligrath, Bakunin sind gute Bekannte. Karl Marx empfiehlt die Lektüre von Mathildes Artikeln. Beide Annekes stürzen sich in die Revolution zu Baden und in den Kampf gegen die Preußen. Mathilde wird von einem Zeitgenossen so beschrieben: »Vor einer Legion ritt eine üppige Weibsperson, eine rote Feder auf dem Hecker-Hute, Brille auf der Nase, angetan mit einem Reitkleide aus schwarzem Samt, im roten Gürtel zwei Pistolen, an der Seite einen Schleppsäbel und – hinter ihr reitend ein badischer Dragoner als Ordonnanz!«

Nach der Lektüre Theodor Gottlieb Hippels schrieb **Mathilde Franziska Anneke**: »… war ich zur Erkenntnis gekommen, dass die Lage der Frauen eine absurde und der Entwürdigung der Menschheit gleichbedeutend sei, und so begann ich, durch Wort und Schrift für die geistige und sittliche Erhebung des Weibes so viel ich vermochte zu wirken.«

Hier haben wir sie wieder, die Amazone, das Flintenweib, die Frau auf dem Streitross, die in allen Revolutionen auftaucht und so viel Angst auslöst. Durch Schmähreden versuchte man sie zu bannen, aber die reaktionären Eiferer konnten nicht den Funken Bewunderung auslöschen, den die Revolutionärin im Volk, auch bei den Frauen, fand. – Mathilde Anneke gründete in Köln einen Kommunistisch-ästhetischen Club, aus dem später der Kölner Arbeiterverein hervorging; der spielte in der deutschen Revolution von 1848/49 eine wichtige Rolle.

Vorausgegangen war die Februarrevolution 1848 in Frankreich, es ging erneut um die Republik. Weitere Forderungen in Frankreich und Deutschland: allgemeines Wahlrecht, Presse- und Versammlungsfreiheit, deutsche Einheit. In Berlin und Wien kommt es zu Barrikadenkämpfen, an denen Frauen an vorderster Front beteiligt sind: »Sie tragen mit unbeschreiblicher Kraft die schwersten Steine herbei.« Es gibt Tote beim Berliner Barrikadenkampf, Frauen versorgen die Verwundeten und beklagen die »Märzgefallenen«. Von der Nationalversammlung in der Frankfurter Paulskirche sind sie ausgeschlossen. Einige schreiben kritische Briefe an die Versammlung, die sich in ihren Debatten festfährt und schließlich auflöst. Die Revolution wird von der Reaktion niedergeschlagen. Den Annekes droht Festungshaft, sie fliehen nach Amerika. Auch dort stürzt sich Mathilde gleich wieder in die Agitation für die Gleichberechtigung und gründet in Milwaukee die *Deutsche Frauenzeitung.* Ihre *Memoiren einer Frau aus dem badisch-pfälzischen Feldzuge* sind ein unschätzbares Dokument über Verlauf, Stimmung und Niederlage der Revolution in Baden. »Keine Hütte am Ufer winkte mit ihrem Obdach den Flüchtlingen aus deutschen Landen. Stumm und schweigsam wanderten wir weiter durch die Nacht. Fort und fort klang's durch die Seele mir: ›Lebe wohl, deutsche Erde! Lebe wohl, mein armes unglückseliges Mutterland.‹«

Als Mathilde Anneke ihre Schrift *Das Weib im Konflikt mit den sozialen Verhältnissen* verfasste, gab es für sie außer der Hippel-Lektüre noch einen anderen, sehr aktuellen Anlass. Das war der Fall Louise Aston. Das Schicksal dieser Frau, das sie an ihr eigenes erinnerte, versetzte Mathilde in einen inneren Aufruhr – jetzt konnte und wollte sie nicht mehr schweigen.

Aston war eine Schriftstellerin und Revolutionärin, sie gab 1848 die Zeitschrift *Der Freischärler für Kunst und soziales Leben* heraus und gründete den Club emanzipierter Frauen. Die unangepasste Pfarrerstochter, geboren 1814 bei Halberstadt, wurde siebzehnjährig in eine Versorgungsehe gedrängt, aus der sie sich aber löste, um mit einem anderen Mann zusammenzuleben. Ihr Eintreten für die freie Liebe, lebenspraktisch und in ih-

Mathilde Anneke als Ordonnanzoffizierin der badischpfälzischen Revolutionsarmee 1849

Im Krimkrieg organisiert **Florence Nightingale** ein Versorgungssystem für die Verwundeten in den Lazaretten; ihre Erfahrungen nutzt sie später, um in London eine Schule einzurichten, in der Krankenpflege zum Lehrberuf wird – für Frauen. Das Ungenügen, das sie an der vorgezeichneten Frauenvita ihrer Zeit findet, drückt Nightingale deutlich aus: »Warum besitzen Frauen Leidenschaft, Intellekt, moralisches Urteil – und einen Platz in der Gesellschaft, wo sie keine dieser drei Eigenschaften ausüben dürfen?«

ren Romanen, war die naheliegende Konsequenz, ebenso die flammende Empörung der guten Gesellschaft. Louises Vorbild war George Sand, wie diese trug sie Männerkleider und rauchte in der Öffentlichkeit. Außerdem schrieb sie erotische Lyrik. In Berlin, wo sie sich mit ihrem Lebensgefährten niedergelassen hatte, wurde sie polizeilich überwacht und schließlich ausgewiesen. 1848 beteiligte sie sich am Feldzug in Schleswig-Holstein, dort traf sie ihren zweiten Ehemann, einen Arzt. Diesmal war es Liebe. Das Paar lebte in ständiger Furcht vor Verhaftung, schließlich verschwand der Doktor, ein radikaler Demokrat, tatsächlich hinter Gefängnismauern. Nach seiner Freilassung verließen die beiden Deutschland und engagierten sich als Arzt und Pflegerin im Krimkrieg.

Louise Aston war eine Radikale, sie lehnte Kompromisse ab, provozierte bewusst und zahlte den Preis. Dass nicht nur Männer, sondern auch gemäßigte Frauenrechtlerinnen sie böse herabsetzten, war der Grund für Mathilde Anneke, Aston zu verteidigen. Die beiden korrespondierten miteinander, und Anneke rezensierte Astons Romane.

Noch ein Frauenschicksal machte damals Schlagzeilen und diente im Kaffeekränzchen und an Stammtischen als Gesprächsstoff: Das war das Leben und Wirken der Johanna Kinkel. Die Bonner Lehrerstochter, Jahrgang 1810, lernte früh singen, Klavier spielen, dirigieren und komponieren und heiratete einen Musikalienhändler, dem sie nach einem halben Jahr davonlief. In dem Gutachten, das ihr Scheidungsbegehren unterstützen sollte, hieß es, sie sei an Nervenzerrüttung erkrankt, ausgelöst »durch Misshandlungen vermittelst ausgesuchter Qualen« von Seiten des Ehemanns. Der ließ sie zappeln, erst nach acht Jahren erlangte sie ihre Freiheit wieder. Bald darauf heiratete sie den Schriftsteller Gottfried Kinkel, einen der Vorkämpfer der Republik in der Märzrevolution. Johanna kämpfte als Chefredakteurin in der *Neuen Bonner Zeitung* mit. Nach der Niederlage der Revolution kam Gottfried ins Gefängnis. Er wurde befreit und floh nach London, wohin Johanna ihm folgte. Ihre Kompositionen wurden von der Kritik gelobt, beeindruckt zeigte sich auch Robert Schumann. – Es war vor allem die Scheidungsfreude dieser persönlich emanzipierten Frauen, die die Gemüter bewegte und auch solche Frauen abstieß, die für die Emanzipation eintraten. Vorherrschend war damals die Meinung, ein Ehemann verdiene immer noch mal eine Chance, auch wenn er schlug oder treulos war. Im Klartext: Frauen hatten sich mit ihrer besseren Hälfte abzufinden, auch wenn es die allerschlechteste war.

In Mannheim hatten sich während der revolutionären Monate Frauenvereine mit Namen Concordia und Germania (die Namen verweisen auf die fällige Einheit) gebildet, andere Städte folgten dem Beispiel, und Frauen lernten jetzt, auf Versammlungen zu reden, Tagesordnungen aufzustellen und Statuten zu verfassen. Ihre Anliegen erschöpften sich meist in Hilfsaktionen für die Witwen gefallener Freiheitskämpfer oder die Angehörigen von inhaftierten und gefallenen Aufständischen.

Das politische Klima in diesen mitgliederstarken Clubs war gemäßigt, Gestalten wie Aston oder Kommunistinnen wie Anneke galten nicht als Vorbilder. Noch standen die meisten Frauen zutiefstinnerst auf dem Standpunkt jenes Sprechers im französischen Konvent von 1793 – er hieß Chaumette –, der das Verbot politischer Frauenvereine folgendermaßen gerechtfertigt hatte: Seit wann ist es erlaubt, sein Geschlecht zu verleugnen? Seit wann ist es angemessen, dass eine Frau sich nicht mehr fromm ums Haus und die Wiege der Kinder kümmert, sondern auf die Marktplätze geht, die aufgeregten Volksansprachen hört und Eingang zum Senat fordert? Hat die Natur etwa uns Männer zu Hütern des Hauses bestimmt? Hat sie uns Brüste gegeben, die Kinder zu säugen? Nein, was sie dem Manne aufgetragen hat, ist dies: ›Sei ein Mann; deine Aufgabe ist es, zu jagen, Ackerbau zu treiben und politische Verantwortung zu tragen.‹ Der Frau aber hat sie bestimmt: ›Sei eine Frau; das Deine sind die zarten Sorgen der Kinder, die kleinen Dinge des Haushalts, die süßen Ängste einer Mutter.‹ Törichte Frauen, die ihr Männer sein wollt, worauf wollt ihr hinaus? Euer Despotismus ist doch der einzige, den wir mit unserer Kraft nicht bezwingen können, denn er ist der Despotismus der Liebe. Im Namen der Natur, ihr sollt bleiben, was ihr seid. Beneidet uns nicht um die Kämpfe, die wir im Leben auszufechten haben, sondern begnügt euch damit, uns diese Kämpfe vergessen zu machen!«

Besser ist sie kaum je zusammengefasst worden, die gigantische Projektion, mittels derer die Männer ihre Ansprüche an die Frauen im Namen der Natur zu deren Bestimmung umdefiniert haben. Das Tragische an diesem Vorgang war (und ist), dass die Frauen die männliche Projektion nachvollzogen und ihre Konsequenzen getragen haben, dass sie den männlichen Blick auf sich akzeptiert und so die männliche Einschränkung ihres Lebenshorizonts abgesegnet haben. Weil also das Frauenbild der reaktionären Männer damals auch das Frauenbild der meisten Frauen war, konnte eine Louise Aston unter ihresgleichen keine (ungeteilte) Zustimmung finden. Und die verdienstvolle Frauenrechtlerin Louise Otto-Peters, die im April 1849 die *Frauenzeitung* in Meißen gründete – unter dem Motto: »Dem Reich der Freiheit werb ich Bürgerinnen« –, musste sich von einer Aston ausdrücklich distanzieren.

Als die revolutionären Wellen verebbt waren und die konservativen Mächte sich wieder sicher fühlten, schritt man in den meisten deutschen Städten zur Restauration der herkömmlichen Rollenverteilung und des biedermeierlichen Familienmusters. Immerhin hatten die Aufstände dazu geführt, dass in vielen Städten Verfassungen angenommen worden waren, die Herrscher also ihre Macht teilen mussten, und das Volk ja auch gezeigt hatte, wozu es fähig war. Jetzt wollte man im privaten Bereich nicht auch noch Veränderungen gewärtigen müssen. 1850 wurde in Preußen ein Vereinsgesetz erlassen, das *Frauen ultimativ* von der Teilnahme an politischen Versammlungen *ausschließt.* Für die Aktivistinnen der Clubs und Vereine war es jetzt leicht geworden, sich strafbar zu machen.

Die Entmündigung der Frauen hatte, wie Mathilde Anneke es ausdrückte, »absurde« Züge angenommen. Eve Rosenhaft schreibt in dem Buch *Die Chronik der Frauen*, es sei ein gesetzgeberisches und ideologisches Projekt der nachrevolutionären

Jahrzehnte gewesen, es als *Selbstverständlichkeit* erscheinen zu lassen, dass Frauen von allen politischen Rechten auszuschließen seien. Die Männer des Bürgertums hatten, wenn auch in bescheidenem Umfang, durch die konstitutionelle Beschränkung der Fürstenwillkür an Macht hinzugewonnen. Sie waren damit ausgelastet, diese Macht zu erproben und abzusichern. Der Mühe eines Chaumette, der im Konvent Mutter Natur angerufen hatte, um die Frauen zur Raison zu bringen, wollten sie sich nicht mehr unterziehen. Und es funktionierte ja auch ganz gut. Die meisten Frauen parierten und fanden sich mit dem Verlust ihrer neu gewonnenen Einflussmöglichkeiten (Clubs, Zeitungen) und ihrem beschränkten Wirkungsfeld ab. Aber Laufbahn und Los einer Anneke, einer Aston, einer Kinkel, ließ so manche Frau, die doch manchmal zweifelte, ob die Natur gewollt habe, dass sie sich nicht mit ihresgleichen zusammentun dürfe, keineswegs kalt. Man wollte weder auf der Straße rauchen, noch der Stadt verwiesen werden, aber man trauerte um die interessanten Clubabende, um die Chance, eine Rede zu halten oder einer Rednerin zu applaudieren und deren Kritikerin auszupfeifen ... Auch in der bürgerlichen Frau regte sich eine Ahnung davon, was das preußische Vereinsgesetz ihr weggenommen hatte. Sie fragte sich: Warum bloß?

Was den Frauen damals noch fernlag, war die kämpferische Entschlossenheit, *als Frau mit allen Frauen* für bestimmte Ziele einzutreten – und nicht nur als Einzelmensch oder als Summe von einzelnen. Die Situation war derjenigen der Arbeiterschaft vergleichbar. Auch die Arbeiter hatten sich noch nicht als Klasse konstituiert und organisiert und so ihre Macht gespürt. Sie traten einzeln auf, um Verbesserungen zu fordern, als Gruppe, als Belegschaft oder als Verein. Die Klasse war etwas vergleichsweise Abstraktes, schwer zu Greifendes. Dasselbe Problem hatten die Frauen. Als Individuen, Ehefrauen, Mütter und so weiter hatten sie alle unterschiedliche Schicksale. Es gab Verbindendes, aber das musste man suchen. In der Scheu der Frauen, sich auf das Geschlecht als Ganzes zu beziehen, in der Unfähigkeit, die Gleichheit in der Rechtlosigkeit und Fremdbestimmung aller Frauen, der Aristokratin ebenso wie der Arbeiterin, zu erkennen und auszunutzen, verfehlten

Frauen den naheliegenden Schluss: sich zu einer Bewegung zusammenzuschließen, in der nur das Geschlecht zählte und aus der, wie einst beim Erwachen des dritten Standes zum Bewusstsein seiner Macht, die Überzeugungskraft aus der puren Zahl erwachsen müsste.

In der zweiten Hälfte des 19. Jahrhunderts war es dann so weit: Sowohl die Arbeiterbewegung als auch die Frauenbewegung machten sich auf einen langen Weg. Beide unterprivilegierten Großgruppen taten den Schritt ins Abstrakte und bezogen sich aufeinander nicht mehr (nur) als Gefährten oder Gefährtinnen im Geiste, sondern *als Gleiche in der Rechtlosigkeit.* Begriff und Praxis der *Solidarität* entstanden. Frauen spürten erst undeutlich, dann immer klarer, dass sie gemeinsam stark genug sein könnten, sich ihre Rechte zu erkämpfen.

In Amerika war frau da schon ein Stück weiter. 1848 fand in Seneca Falls ein Frauenrechtskongress statt, auf dem in Analogie zur französischen Erklärung der Menschen- und Bürgerrechte Frauenrechte eingeklagt wurden. Im Manifest von Seneca Falls heißt es: »Der Mann hat die Frau gezwungen, sich Gesetzen zu unterwerfen, bei deren Abfassung sie keine Stimme hatte.« Zugleich mit der patriarchalischen Autokratie bekämpfen die Amerikanerinnen die Sklaverei. 1851 veröffentlicht Harriet Beecher Stowe das erste Kapitel ihres Romans *Onkel Toms Hütte.* Dieses Buch wühlt auf und gewinnt der Anti-Sklaverei-Bewegung neue MitstreiterInnen. Beecher Stowe wusste genau, was sie tat. »Ich werde schreiben, wie ein Maler malt. Gegen Bilder kann man nicht argumentieren.«

Hubertine Auclert (1848–1914), um 1880. Die wohl berühmteste französische Suffragette, setzt sich für dieselben Rechte ein, die amerikanischen Frauen schon zugestanden worden sind

Das Einwanderungsland USA hat damals viele »48er« aufgenommen, verfolgte Revolutionäre, auf die in ihrer Heimat Festungshaft gewartet hätte. Zu ihnen gehörte auch Mathilde

Franziska Anneke, die in die Liste ihrer Themen, zu behandeln in der *Deutschen Frauenzeitung*, jetzt den Kampf um die Abschaffung der Sklaverei aufnahm. Johanna Kinkel emigrierte nach Großbritannien, ein Land, das ebenfalls eine gewisse Liberalität gegenüber seinen Frauen bewies, wenn diese versuchten, sich zu organisieren. So entsteht dort 1855, in Anlehnung an den elf Jahre zuvor gegründeten YMCA, der Weltbund christlicher Verbände Junger Frauen, ein Dachverband, zu dem achtzig verschiedene Vereine gehören.

Die amerikanische Schriftstellerin **Harriet Beecher Stowe** (1811–1896) war die Tochter eines Theologen, der viel Wert auf die Bildung seiner Töchter legte. Und sie heiratete einen Theologen, der sie bei ihrer schriftstellerischen Arbeit ohne Wenn und Aber unterstützte. Für Harriet war der Kampf gegen die Sklaverei eine Lebensaufgabe, sie betrieb sie auf ihre Weise: mit der Feder. Der Roman *Onkel Toms Hütte* gewann weltweit neue Mitkämpfer, selten hat ein Buch so stark politisch gewirkt.

Inzwischen, Mitte des 19. Jahrhunderts, hat die Eisenbahn ein neues Gefühl für Geschwindigkeit hervorgebracht; die Dampfmaschine hat vieles revolutioniert: den Verkehr zu Wasser und zu Lande, die Erzeugung von Gütern, die jetzt zunehmend mit Maschinen bewerkstelligt wird, das Berufssystem, den Haushalt und die Vorstellung davon, wie und was Frauen zu arbeiten haben. In den Fabriken nämlich vergisst man das Ideal der züchtig waltenden Hausfrau und hetzt Arbeiterinnen zu Hungerlöhnen in den Akkord. Die große Verstädterung beginnt. Die ländliche Haushaltung, die damals überwog, mit einem Gutteil Selbstversorgung aus Gemüseanbau und Kleinviehwirtschaft, in dem Frauen mit zusätzlichem Brotbacken und Weißzeug-Nähen genug zu tun hatten, stirbt tendenziell aus. Die Kätner und Landarbeiter strömen in die Städte, wo die Konkurrenz am Arbeitsplatz hart ist und die Frauen mitverdienen müssen. Zusätzlich haben die Kriegszüge des Jahrhunderts eine hohe Zahl männlicher Opfer gefordert. Frauen bleiben als Witwen zurück, und für die Jüngeren erweist sich die Versorgung durch Eheschluss, vor allem wenn sie keine Mitgift haben, als Illusion. Alle Grundlagen des alten Biedermeieridylls werden abgeräumt. Die Konsequenz heißt Frauenarbeit. Heißt umfassender Elementarunterricht, Ausbildung und Berufstätigkeit für Töchter. Heißt eigenes Geld für Frauen. Die kommenden Jahrzehnte sind, was die Emanzipation betrifft, vom Kampf der Frauen um den Zugang zum Arbeitsmarkt und zur höheren Bildung geprägt.

1865 wird in Leipzig der Allgemeine Deutsche Frauenverein gegründet. Louise Otto-Peters führt den Vorsitz. In Paragraph 1 des Vereinsprogramms heißt es: »Wir erklären nach dem Beschluss der ersten deutschen Frauenkonferenz: Die Arbeit, welche die Grundlage der ganzen neuen Gesellschaft sein soll, für eine *Pflicht* und *Ehre* des weiblichen Geschlechts, nehmen dagegen das *Recht* auf Arbeit in Anspruch und halten es für notwendig, dass alle der weiblichen Arbeit im Wege stehenden Hindernisse entfernt werden.«

Das Recht der Frauen auf Erwerb

Bildung, Ausbildung und Berufstätigkeit für Frauen

Das Recht auf Arbeit bleibt das große Thema der Emanzipation im 19. und 20. Jahrhundert. Zunächst lauten die Forderungen: Die Frau soll selbst entscheiden, ob und was sie erwirbt, soll also eine eigene privatrechtliche Person werden. Es dauert unendlich lange, bis dieses Ziel erreicht ist. Im Deutschland der 1950er Jahre kann immer noch der Ehemann seiner Frau das Arbeitengehen untersagen! Anders sieht es bei unverheirateten Frauen aus, die kein Vermögen besitzen. Sie dürfen erwerben, weil sie müssen. Sollten sie jedoch reich werden, darf wieder der nächste männliche Verwandte seine Hand auf das Sparbuch legen. Die Frau ist eben keine Rechtsperson, sondern immer nur Anhängsel, abgeleitete Existenz. Das wusste Simone de Beauvoir, als sie Mitte des 20. Jahrhunderts ihre große Untersuchung über die Lage der Frauen *Das andere Geschlecht* nannte, das andere, das zweite, das relative Geschlecht.

Berliner Dienstmädchen, Atelieraufnahme um 1870

Das Recht auf Erwerb ist also mit den politischen Grundrechten verknüpft. Es nützt einer Frau nicht viel, wenn der Gatte oder Vater Ja sagt, beispielsweise zu einer Anstellung in einem Laden oder auf der Post. Er kann seine Meinung ändern. Und weil der Arbeitgeber das weiß, stellt er die Frauen nur ein, wenn er trotz der Unsicherheit etwas davon hat – indem er sie, im Vergleich zum Mann, weit unterdurchschnittlich bezahlt. Im niedrigen Frauenlohn spiegelt sich die Überzeugung der Arbeitgeber, dass eine Frau sich nicht wirklich auf die Arbeitswelt einlässt, dass sie eigentlich einen anderen Beruf hat (Hausfrau), eben nur vorübergehend arbeitet – bis sie heiratet oder die schlimmste Knappheit überwunden ist. Der Frauenlohn ist also ein erpresserischer Lohn, er schlägt Vorteil aus einer (angenommenen) Not- oder Zwangslage.

In der Arbeiterklasse und auch im großen Heer der Dienstboten herrschte diese Notlage tatsächlich vor. Deshalb wurde hier die gesamte im Bürgertum hochgehaltene Rücksicht auf das »schwache« Geschlecht fallengelassen und offene Ausbeutung betrieben. Es ist seltsam, wie blind die Propagandisten einer naturhaften Weiblichkeit, die die Frauen an Wiege und Herd ketten wollten, weil sie der Überzeugung waren, dass die Natur (und natürlich Gott) sie dazu bestimmt hätten, wie blind diese Männer waren, als die furios in England, Amerika und (mit Verspätung) dann auch auf dem europäischen Kontinent einsetzende Industrialisierung beherzt nach den Frauen griff und sie in der Textilindustrie, im Maschinenbau, in der Nahrungsmittel- und Metallverarbeitung und sogar im Bergbau massenhaft einsetzte und verschliss. Waren denn die Arbeiterinnen keine Frauen? Das Bürgertum setzte, wie alle herrschenden Klassen, seine eigenen Normen absolut. Die Habenichtse gehörten einfach nicht dazu. Was zählte schon das Los der armen Frauen? Als Dienstmädchen wurden sie von der Bourgeoisie ebenfalls gern bis zum Gehtnichtmehr herumgescheucht und nebenbei als leichte sexuelle Beute geschätzt. Die Moral hörte an der Klassenschranke einfach auf.

Frauenarbeit zu Beginn der Industrialisierung: Die ersten großen Fabriken im europäischen Raum stillten ihren Arbeitskräftehunger gerne mit Frauen, weil sie für fügsamer gehalten wurden und weniger kosteten. Die Textilindustrie beschäftigte Frauen in großer Zahl an den mechanischen Webstühlen. Auch als Näherinnen an der Maschine waren sie gesucht. Die Mehrzahl der erwerbstätigen Frauen aber arbeitete in der Mitte des 19. Jahrhunderts noch als Dienstbotinnen und in der Landwirtschaft.

Dass sich die allmählich in ganz Europa erstarkende Emanzipationsbewegung auch der Arbeiterinnen und Dienstmädchen annahm, spricht dafür, dass die Frauen es allmählich lernten, in den abstrakten Kategorien der weiblichen Solidarität zu denken. Zwar besaßen auch die bürgerlichen Frauen Klassenbewusstsein und grenzten sich gerne »nach unten« ab. Sowie sie aber zum Bewusstsein ihres rechtlosen Status fanden, dachten sie quer zu den üblichen Oben-Unten-Bezügen und erkannten in der Arbeiterin einen Menschen, der ihnen im gewissen Sinn näher war als der eigene Ehemann. Es waren Frauen aus dem Bürgertum, die diese neue Kampagne mit dem Titel »Recht auf Arbeit« führten, und sie entdeckten bald, dass ihre epochale Forderung äußerst vieldeutig war. Für die gut versorgte Ehefrau aus der Mittelklasse bedeutete das Recht auf Arbeit: Sinnstiftung, Sich-Nützlich-Machen, Selbstverwirklichung jenseits der Mutterrolle. Ein wichtiges Postulat, weil verbunden mit der Eroberung der Welt jenseits des Hauses. Für die nicht versorgte Witwe oder die unverheiratete, vermögenslose Frau aus dem Bürgertum oder dem Adel war Recht auf Arbeit die Umschreibung eines eher kläglichen, so nicht gewünschten Zustandes, den das Schicksal über die arme Dame verhängt hatte und dem sie in der Regel durch (Neu-)Verheiratung zu entrinnen suchte. Frauen in einer solchen Lage verdingten sich nicht in der Fabrik, sondern sie folgten den Usancen des 18. Jahrhunderts und gingen als Gouvernanten, Gesellschafterinnen oder Hauslehrerinnen in Stellung. Im noch überschaubaren Paris der 1860er Jahre gab es allein dreitausend Klavierlehrerinnen! Da für diese Frauen keine vernünftige Ausbildung vorgesehen war, erhielten sie auch nur einen geringen Lohn – umso schlimmer, da zu jener Zeit die Bourgeoisie das Repräsentieren gelernt hatte und selbst eine »sitzen gebliebene« Jungfer, die ihren Unterhalt mit Stundengeben oder als Hausdame verdiente, genötigt war, sich vornehm zu kleiden und teuren Schmuck zu tragen. Sehr häufig überstiegen die Lebenshaltungskosten ihre Mittel.

Mädchen als Kohlenträgerinnen; ein junges Mädchen zieht einen mit Kohle gefüllten Förderwagen. Stich, der dem englischen Parlament 1842 Einblick in die Arbeitsbedingungen von Frauen und Kindern in Bergwerken vermitteln sollte.

Für die Frau aus dem Volk nun, die infolge Landflucht genötigt war, in der Fabrik zu schuften, kam ein Recht auf Arbeit der Pflicht zur Fron gleich. Es ist nicht verwunderlich, dass sie der Agitation der bürgerlichen Frauen erst einmal distanziert gegenüberstand. Ähnliches galt für die Dienstmädchen. In den Frauenvereinen, die – häufig getarnt mit rein karitativer Zielsetzung – im Schatten restriktiver Vereinsgesetze wirkten, auf dem von Louise Otto-Peters 1865 initiierten Allgemeinen Deutschen Frauentag zu Leipzig, ferner in vielen Publikationen versuchten deshalb die Frauen (es waren auch immer einige Männer dabei), die Forderung nach dem Recht auf Arbeit aufzufächern und mit anderen Forderungen zu verknüpfen. Für die Klavierlehrerin und die Gouvernante war es vor allem wichtig, dass sie eine solide *Ausbildung* absolvierte, möglichst mit Diplom, damit ihre qualifizierte Dienstleistung im Wert stieg und sie von ihrer Arbeit leben konnte. Für die Arbeiterin war es notwendig, dass sie sich mit ihren Kolleginnen zusammenschloss, um einen gerechten Lohn und menschenwürdige Arbeitsbedingungen zu erkämpfen. Und für alle Frauen, die den Sinn ihres Lebens nicht ausschließlich in der Funktion der Gattin und Hausmutter erblicken konnten, für Frauen, die nicht heiraten *wollten*, weil sie weder der Ehestand noch die Tätigkeit einer Hausmutter reizte, für diese Frauen war es nötig, dass sie ihren Beruf und die dafür zu absolvierende Ausbildung frei wählen konnten – unter *allen* Berufen, die es gab auf der Welt, inklusive Astronom und Förster. Sogenannte Frauenberufe – Lehrerin, Krankenschwester, Erzieherin, Modistin – waren sicher für viele weibliche Berufsanfängerinnen eine gute Lösung, aber die Existenz dieses Begriffs und die ihm entsprechende Realität zeigten eben auch, dass der weibliche Teil der Bevölkerung weit davon entfernt war, die *ganze* Berufswelt erobert zu haben. Insbesondere solche Positionen, die ein Universitätsstudium voraussetzten, wurden von den Männern nervös verteidigt. Erst gegen Ende des Jahrhunderts (in Deutschland noch später) wurden Frauen zum Studium zugelassen – und auch dann noch lange nicht in allen Fakultäten.

Die Losung »Recht auf Arbeit« enthielt also nach Art der Puppe in der Puppe noch eine Reihe anderer Losungen. Die

Büglerinnen, Frankreich 1882

wichtigsten hießen: Recht der Mädchen auf eine *Schulbildung*, die sich von der der Knaben nicht unterschied; Recht der jungen Frauen auf eine (von der Familie oder vom Staat zu finanzierende) *Ausbildung*, auch auf ein *Studium*; Recht auf freie *Berufswahl und -ausübung*. Die heikelste Puppe war das Recht der Frauen auf *eigenständige Verwaltung ihres Einkommens*. Hierfür hätte die Erwerbstätige eine freie Rechtsperson sein müssen, und das war sie eben nicht. Sie konnte nicht einmal ein Konto eröffnen – der Mann oder Vater oder Vormund musste das für sie tun. Der behielt dann natürlich auch die Kontrolle. Ganz wie einst die hörigen Bauern befanden sich die Frauen in einem Zustand, der mit der Leibeigenschaft vergleichbar war. Die ganze Agitation für das Recht auf Arbeit lief deshalb ins Leere, solange der Frau nicht die vollen Rechte als freie Privatperson zuerkannt waren. So wurde das Bedürfnis der bürgerlichen Frauen, neben der Familie etwas Sinnvolles zu leisten und einen Beruf auszuüben, ganz von selbst politisch und verband sich mit den älteren Forderungen nach Menschen- und Bürgerrechten für Frauen. Die schlossen das Frauenstudium und das Recht der Arbeiterinnen auf *gewerkschaftliche Organisation* mit ein.

Herausragende Persönlichkeit in der Bewegung für die Frauenarbeit war die Schriftstellerin Louise Otto-Peters, deren Buch *Das Recht der Frauen auf Erwerb* 1866 in Leipzig erschien. Aber schon während der Revolution 1848 hatte die

Louise Otto wurde 1819 in Meißen geboren. Die Eltern starben, als sie siebzehn war, hinterließen ihr und ihren Schwestern aber ein Immobilienvermögen, das für die Grundsicherung reichte. Später verdiente Louise durch Schreiben hinzu. Ihr erster Mann starb bald nach der Eheschließung, der zweite, Schriftsteller wie sie und ein 48-Revolutionär, saß – noch vor der Hochzeit – sieben Jahre Kerkerhaft ab. Im Gefängnis erfolgte die Verlobung, treu wartete Louise auf ihren August Peters. Das Ehepaar ließ sich in Leipzig nieder und arbeitete publizistisch, beide gaben zusammen die *Mitteldeutsche Volkszeitung* heraus.

damals 29-Jährige einen Brief an jene Kommission geschrieben, die sich mit Wirtschaftspolitik beschäftigte, und gefordert, Frauen den Weg zu selbständiger Berufstätigkeit zu ebnen. Dabei hatte Louise Otto immer auch die Lage der Proletarierinnen im Auge, für deren Verbesserung sie unablässig wirkte und über die sie ihren ersten Roman schrieb: *Schloss und Fabrik*.

Selbst einigermaßen wohlhabend, gründete Louise Otto-Peters den Frauenbildungsverein, eine – die – *Frauenzeitung* und den Allgemeinen Deutschen Frauenverein. Zu dessen Eröffnung 1865 sollte sie eine Rede halten. Sie traute sich nicht recht, denn äußerlich war die kämpferische Sächsin eher der Typ zarte Fee, sehr zierlich und schmal und mit einer schwachen Stimme geschlagen – sie fürchtete, nicht durchzudringen. Der Herr, den sie gebeten hatte, statt ihrer ans Pult zu treten, gehörte offenbar zu den einsichtigeren. Er lehnte ab und sagte: »Der Frauentag darf nicht mit einer Inkonsequenz beginnen und von einem Mann eröffnet werden. Die Frauen müssen ihre Sache selbst führen. Sonst ist sie von vornherein verloren.« Louise sprach und drang im doppelten Sinne durch. Das Publikum verstand sie akustisch ausgezeichnet und segnete ihr Programm (Recht auf Arbeit für die Frauen mit allen Differenzierungen, mit allen »Puppen in der Puppe«) ab. Otto-Peters stand immer wieder unter polizeilicher Überwachung, musste für ihre Publikationen Pseudonyme wählen, sich mit der Zensur anlegen und Hausdurchsuchungen und Verhöre über sich ergehen lassen. Sie hat das alles ertragen und letzten Endes mit ihren vielfältigen Initiativen großen Erfolg gehabt. Die Anfänge, die Fundamente einer organisierten Frauenbewegung gehen auf die Zeit ihres Wirkens zurück. Aber die Frauenrechtlerin aus Sachsen war ja auch eine Dichterin. Ihre desillusionierten Verse über die Lage der Frauen im Nachmärz sind es wert, referiert zu werden: *Dem Männerrecht nur galt das neue Ringen – / Das Frauenrecht blieb in den alten Schlingen. / Wohl grüßen treu Männer sich als Brüder – /*

nur Bürger gab es – nicht mehr Herr und Knecht. / Wohl sangen sie der Liebe Bundeslieder / und fühlten sich als ein erneut Geschlecht. / Doch auf die Schwestern blickten stolz sie nieder – / der Menschheit Hälfte blieb noch ohne Recht, / blieb von dem Ruf »Für Alle« ausgenommen – / ihr muss erst noch der Tag des Rechtes kommen.

All den vielen Forderungen der emanzipierten Frauen jener Zeit, in Deutschland Louise Otto-Peters, Fanny Lewald, Minna Cauer, Luise Büchner, Hedwig Dohm, Amalie Sieveking, Helene Lange und manche mehr, müssen nun auch praktische Umsetzungen entsprechen, damit die Utopie nicht in den Wolken hängenbleibt. Und so kommt es. 1866 gründet ein liberaler Zeitgenosse in Berlin eine noch heute existierende Institution, die seinen Namen trägt: den Lette-Verein. Hier können junge Mädchen eine solide Ausbildung im Bereich Heilkunde, optischer Apparatebau, Fotografie, Buchhaltung und Verkauf durchlaufen, um sodann anständig bezahlte Stellungen in entsprechenden Unternehmen anzutreten. Wilhelm Adolf Lette ist Pragmatiker. Er glaubt, dass der »wahre« Beruf der Frau Gattin und Mutter sei, erkennt allerdings, dass längst nicht jede Frau diesen Beruf ergreifen kann. Frauen, die »keinen abgekriegt« hatten, wobei man diejenigen hinzuzählen muss, die unvermählt bleiben *wollten*, hat es immer gegeben.

Bilderbogen vom Lette-Verein, Berlin 1877

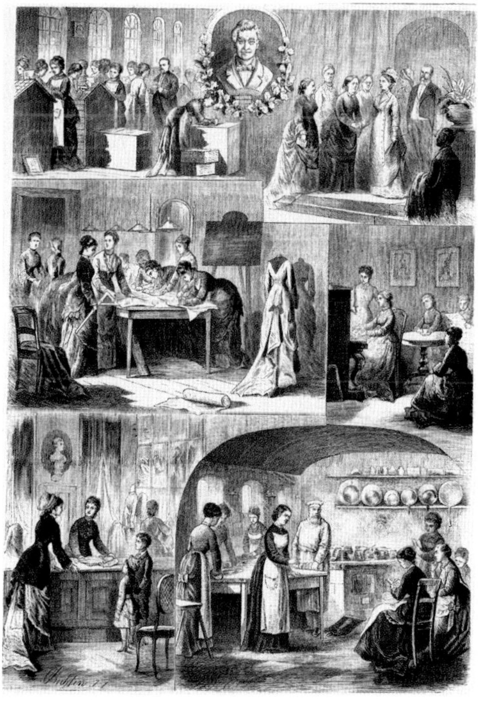

Solange der weit überwiegende Teil der Bevölkerung auf dem Lande lebte, war das Problem überzähliger Töchter weniger akut, denn das ländliche Hauswesen, auch das ärmliche, konnte mit seiner Großfamilie und seiner Subsistenzwirtschaft, mit seinen Hühnern, Schweinen, Kartoffeläckern und den vielen Kindern ein paar zusätzliche

Hände gut gebrauchen und sog die ledigen Tanten einfach mit auf. Außerdem gab es die Klöster und Stifte, die seit Jahrhunderten als Zuflucht für unversorgte Damen herhielten. Seit aber die große Verstädterung begann und die Stadt tendenziell mehr Arbeitsplätze anbot als das Land, seit so manches Kloster »säkularisiert« und geschlossen worden war und seit die Bevölkerung kräftiger wuchs, hatte das Problem der ledigen Jungfern auch jenseits der sich formierenden Frauenbewegung an Relevanz gewonnen. Es lag nahe, den Nicht-Familienfrauen die Verantwortung für ihren Lebensunterhalt selbst aufzuladen, auch wenn das traditionelle Frauenbild dadurch lädiert wurde. Schon in den 70er Jahren des 18. Jahrhunderts hatte der berühmte Erzieher Johann Bernhard Basedow eine Mädchenerziehung gefordert, die es den am Heiratsmarkt erfolglosen Töchtern ermöglichen sollte, für sich selbst aufzukommen. Seine Begründung für das seinerzeit kühne Postulat zeigt einmal mehr, wie wenig die Männer imstande waren, das Schicksal der Frauen unabhängig von ihren, der Männer, Ansprüchen an sie zu begreifen: »Gibt es denn keine hässlichen und gebrechlichen Töchter? Keine, die in Gefahr sind, von einem würdigen Manne nicht begehrt zu werden?« Die Frau, die aus freien Stücken und eigenem Entschluss ehelos bleibt, kommt in all diesen Betrachtungen – außer als Nonne – bezeichnenderweise nicht vor.

Der Theologe und Schulgründer **Johann Bernhard Basedow** (1724–1790) war einer der einflussreichsten Pädagogen der Aufklärung. Er rief das Philanthropinum zu Dessau ins Leben, eine Schule, in der die Kinder mit viel Spiel und Leibesübung zu sittlichen Menschen reifen sollten. Basedow forderte die Schulpflicht für alle: »… dass keine Kinder aus dem Genusse derselben ausgeschlossen werden«, und staatliche Finanzierung und Kontrolle sämtlicher Lehranstalten.

Lette mag ähnlich gedacht haben wie Basedow. Aber er lebte fast hundert Jahre später, in einer durch die Errungenschaften der Moderne völlig verwandelten Welt. Zu diesen Errungenschaften gehörte die Industrie mit ihrem Arbeitskräftehunger, ferner die Bereitschaft von immer mehr Frauen, den Schritt vor die Tür des Hauses zu tun, sich umzusehen und die Verantwortung für die eigene Existenz zu übernehmen. Das ging nicht ohne eine Berufsperspektive. Hierzu wollte Lette die Voraussetzungen schaffen. Er orientierte sich nicht – wie zuvor nahezu sämtliche Propagandisten weiblicher Berufstätigkeit – an den angeblichen Bedürfnissen von Frauen, in Funktionen tätig zu sein, die der Familienarbeit ähnelten (Köchin, Gouvernante, Lehrerin etc.), sondern an den Bedürfnissen der Industrie. Eine Optikerin, eine Chemielaborantin, eine Telegraphistin waren Berufe, in denen sich zuvor keine Frauen gezeigt hatten, aber auch keine Männer – denn diese Funktionen waren ja zeitgleich mit brandneuen Techniken überhaupt erst entstanden. In solchen neu aufgekommenen Berufszweigen sollten Frauen, meinte Lette, von Anfang an dabei sein. Allerdings hatten sie, um nicht gleich wieder zu Hilfskräften degradiert zu werden, den Schritt ins Berufsleben auf Basis einer seriösen Ausbildung zu tun, die er anbot. Nur dann würde es ihnen erspart bleiben, bei einem kümmerlichen Verdienst den »üblichen« Familientraum weiter zu träumen, der sich dann doch nie erfüllte.

Lette wollte den zur Selbständigkeit genötigten oder entschlossenen Frauen des mittleren Bürgertums ein Sprungbrett bieten, die Proletarierinnen interessierten ihn nicht, obwohl deren Los weit beklagenswerter war als das jener Bürgertöchter, die sich gezwungen sahen, Geld zu verdienen. Zwischen den Klassen, ihren Lebenswelten und ihrer Moral, öffnete sich eine tiefe Kluft. Während eine bürgerliche Frau, die das Haus verließ, um arbeiten zu gehen, bis weit ins 20. Jahrhundert die Vorstellung eines schmerzlichen Versagens weckte – Versagen des Mannes, der es nicht schaffte, seine Frau zu ernähren, Versagen der Frau, die es nicht vermocht hatte, einen Ehemann zu finden, der sie zu versorgen fähig war –, während also Berufstätigkeit der Frau im Bürgertum als doppelte Schmach empfunden wurde, stellte sich im Proletariat dieses Luxusproblem gar nicht erst. Die selbstverständlich ungelernten, bis an die Grenze der physischen Belastbarkeit ausgebeuteten, schlecht bezahlten Fabrikarbeiterinnen büßten so für ihre Mittellosigkeit. Die Moral der Zeit schob sie, wie auch ihre Männer, in eine Art Helotenkaste ab, für die kein wirklicher menschlicher Maßstab galt. Auch unter den Emanzipationsstreiterinnen des Bürgertums gab es einige, die auf die Proletarierinnen herabsahen und fanden, die hätten sich ihr hartes Los selbst zuzuschreiben. Zwar war der Geist der Zeit schon weiter: Die Arbeiterbewegung konnte nicht daran vorbeisehen, dass die

Schraube der Ausbeutung bei den Frauen noch eine Umdrehung weiter angezogen wurde. Ihre Ziele gingen aber in den Anfängen nicht dahin, die Arbeiterinnen zu qualifizieren und ihren Lohn zu erhöhen, sodass sie stolz auf ihre Arbeit hätten sein können, sondern den Lohn der Männer so aufzurunden, dass ihre Frauen nicht mehr arbeiten mussten. Bürgerliche Normen herrschten – damals und heute – auch in der Arbeiterklasse vor.

Die Entwicklung hin zur Frauenarbeit – als emanzipatorisches Ziel und als Notwendigkeit der Lebensfristung – vollzog sich in den europäischen Ländern und in den USA verschiedenartig und ungleichzeitig. Am weitesten gingen die Amerikanerinnen. Ihre Leistungen im Bürgerkrieg – sie hatten Zeitungen geleitet und Lazarette aufgebaut – blieben in Erinnerung und erleichterten es ihnen, weitergehende Forderungen zu stellen. Einen Kampf eigener Art führten heilkundige (und an Heilkunde interessierte) Frauen in allen Ländern um die Zulassung zum Medizinstudium. Auch die *Ärztin* (ganz wie die Lehrerin) war und ist ein *Frauenberuf*, insofern sich die familiäre Obliegenheit der Krankenversorgung in ihm fortsetzt. Zugleich aber stellen sich für diesen Beruf immer auch wissenschaftliche Ansprüche, die sich am Ende des 19. Jahrhunderts noch einmal erhöhten. Um Ärztin werden zu können – für ehrgeizige Frauen keine Notlösung, sondern ein Traumberuf –, mussten Frauen studieren. So verstärkte sich der Ruf nach Öffnung der Universitäten für Studentinnen. In den USA war es die Ärztin Elizabeth Blackwell, die diese Kampagne entscheidend vorantrieb. Beim Studium der Rechte war es Arabella Mansfield, die für sich einen Präzedenzfall schuf. Und Antoinette Brown stritt für die Zulassung von Frauen zum Theologiestudium. Erfolge blieben nicht aus, 1874 beispielsweise richtete die Universität Boston einen Kurs für weibliche Studierende ein. Auch im ehemaligen kolonialen Mutterland England begann man, sich an die Frau Doktor zu gewöhnen. Schulen für höhere Mädchenbildung, die auf ein Studium vorbereiten sollten, entstanden. Einige Universitäten nahmen Frauen auf. In Frankreich waren die Bedingungen schlechter; der Code Napoléon kannte keine Mädchenbildung. Italien

Ab 1882 gelten in Frankreich die Jules-Ferry-Gesetze, die unentgeltliche (bis zum 13. Lebensjahr) Schulbildung obligatorisch machen. Mädchen lernen allerdings häufiger Nähen als Lesen.

war relativ fortschrittlich, Schweden führend, Spanien und Portugal lagen bei der Frauenbeschäftigung weit hinten. Die Schweiz, die als erstes Land ihre Universitäten den Frauen geöffnet hatte, erwies sich vorerst weiterhin als liberal: Sie war das erste Land, in dem Frauen in nennenswerter Anzahl als Advokatinnen auftreten konnten.

Wie sah es sonst mit der Möglichkeit aus, nach dem Studium in dem gewählten Fach auch tätig zu sein? Schlecht. Studieren durften Frauen irgendwann fast überall – aber außer einem Zuwachs an Bildung brachte ihnen das nichts, denn sie wurden weder zu den Prüfungen zugelassen noch zur Berufsausübung. Im Fach Medizin schloss man sie von den klinischen Semestern aus – schon damit durchkreuzte man ihre berufliche Laufbahn. In Amerika griffen die Frauen schließlich zur Selbsthilfe und gründeten eigene Krankenhäuser, um dort zu studieren und zu praktizieren, andere Länder machten dies nach. Weltweit ging es darum, die Lücken zwischen Studium und Examen, zwischen Examen und Lizenz zur Niederlassung zu schließen. Wo das gelang, warteten Frauen in der frisch eröffneten Anwaltskanzlei oder ärztlichen Praxis zunächst aber vergeblich auf Klienten und Patienten. Frauen, die es (in protestantischen Gemeinden) wagten, die Kanzel zu betreten, wurden mit Eiern beworfen. Die alte Welt, die zäh am tradierten Frauenbild festhielt, übte sich im Boykott.

In Deutschland hatte die Hausfrauisierung der weiblichen Bevölkerung besonders giftige Blüten getrieben, die von der

Die streitbare Lehrerin und Schulgründerin **Helene Lange** (1848–1930) setzte sich gemeinsam mit ihrer Lebensgefährtin Gertrud Bäumer für höhere Mädchenbildung ein. Sie forderte, dass Mädchen an Lehrerinnenseminaren von Frauen – und nicht, wie damals üblich, von Männern – unterrichtet wurden. 1893 gründete sie das Organ *Die Frau,* das der Emanzipationsbewegung wichtige Impulse gab. Ihre Vorstellung vom Geschlechterverhältnis betont den hohen Rang der Mütterlichkeit.

Reaktion geförderte »natürliche« Weiblichkeit, Schillers *Glocken*-Glucke, dominierte auch dann noch, als die einsetzende Industrialisierung ein Umdenken erforderte. Immerhin war mit dem sehr erfolgreichen Lette-Verein ein Anfang gemacht worden. Leipzig und Hannover zogen mit Handelsschulen nach, die speziell Mädchen für kaufmännische Berufe qualifizierten. Wie auch beim Lette-Verein stützte man sich auf private Sponsoren; der Staat oder die Kommunen waren blind genug, Investitionen in Frauenbildung als zum Fenster rausgeworfen abzulehnen. Höhere Schulen für Mädchen wurden geradezu verteufelt. Der unermüdlichen schulpolitischen Arbeit von Helene Lange ist es zu verdanken, dass endlich im Jahr 1893 die ersten Schülerinnen das Abitur ablegen konnten. Und eine weitere verdienstvolle Frau, die »Erfinderin« der modernen Sozialarbeit, Alice Salomon, konnte 1908 die erste Soziale Frauenschule in Berlin gründen, in der die »weibliche Jugend für die Nutzbarmachung der Pflichten und Rechte erzogen wird, die die Frauenbewegung für sie erkämpft hat«. Die Nachfrage nach Ausbildungsplätzen auf Salomons Schule war enorm.

In ihrem Buch *Die Frauenfrage* berichtet im Jahr 1901 die Sozialistin Lily Braun: »Als 1891 die 1. Petition um Freigabe

Frauen fordern Zugang zu politischen Vereinen, Parteien und Universitäten in Preußen; doch erst das Reichsvereinsgesetz vom 15. Mai 1908 gestattete es Frauen, sich politisch zu betätigen und zu organisieren.

des ärztlichen Studiums (für Frauen) im Deutschen Reichstag zur Verhandlung kam, wurde sie wie ein revolutionärer Akt betrachtet. ›Das deutsche Weib‹, ›die deutsche Familie‹, ›die deutsche Sittsamkeit‹ wurden mit großem Aufwand an Pathos ihr gegenüber verteidigt. Nur die Sozialdemokraten, Bebel an der Spitze, traten mit nachdrücklichem Ernst für die Sache der Frauen ein.« Es nützte nichts, das Ersuchen wurde zurückgewiesen. Erst ab 1899 wurden Medizinstudentinnen zu den staatlichen Examina zugelassen, auch konnten jetzt die Semester an ausländischen Universitäten, auf die die nachmaligen Ärztinnen bislang ausgewichen waren, angerechnet werden. Der Fortschritt in Sachen Frauenarbeit und Frauenstudium, der in Amerika und England immerhin wie das gerade erfundene Automobil vorantuckerte, in Italien, der Schweiz und Skandinavien recht zügig hinterherzuckelte, blieb in Deutschland die sprichwörtliche lahme Ente. Im Jahre 1895 bildete Deutschland mit seiner Frauenerwerbsquote das Schlusslicht innerhalb Europas.

Lily Braun: »Die Frau als selbständig Erwerbende ist ein Begriff, der dem traditionellen, von dem durch den Mann zu ernährenden Weibe, vollständig widerspricht. Die Entlohnung ihrer Arbeit gilt daher nur für einen Zuschuss zum Lebensunterhalt, nicht für seine vollständigen Kosten …«

Es ist klar, dass die quälende Langsamkeit, mit der sich im (nunmehr) Deutschen Kaiserreich die Frauenarbeit entwickelte, viel mit der neuartigen Konkurrenz zu tun hatte, in die Frauen und Männer zueinander getreten waren. Wo sie konnten, versuchten die Ärzte auf die Gesetzgebung einzuwirken und von Frauen geleitete Arztpraxen zu verhindern, denn es gab ja nicht mehr zahlende Patienten, nur weil Frauen den weißen Kittel tragen durften. Auch andere Männerdomänen wurden von ihren Inhabern zäh verteidigt – doch das galt für das Ausland genauso. Es musste also noch besondere deutsche Gründe geben, warum es hier so viel länger dauerte als anderswo, bis Frauen zur Berufsarbeit zugelassen wurden.

Eine Überlegenheit der Männer in Sachen Körperkraft kann und soll übrigens zugestanden werden. »Auf die Geisteskräfte sind die Muskelkräfte ohne hervorragenden Einfluss«, schreibt Lily Braun, »und noch immer ist der Geist ohne Muskelkraft weiter gekommen als Muskelkraft ohne Geist.« Die schwindende Relevanz körperlicher Überlegenheit seit Erfindung des Otto-Motors gehört auch zu den Bestimmungsgründen **proletarischer Frauenarbeit**. Eine Maschine, die die Muskelkraft ersetzt, kann auch ein Kind bedienen; die Industrie holt sich die Frauen in die Werkhalle, weil sie der Arbeit gewachsen sind und weil sie weniger kosten als Männer.

So ein Grund mag die Neigung der Deutschen sein, sich in Ideologien zu verbeißen und bedin-

Polsterin, Frankreich um 1900

gungslos an deren Leitsätze zu glauben. Diese Neigung ist eine Abart der deutschen Begabung für die Theorie. Man stellt eine These auf, begründet und beweist sie, und dann muss sie aber auch gelten. Spätere praktische Widerlegungen werden nicht zur Kenntnis genommen. Im pragmatischen Amerika konnte eine Frau einfach dadurch, dass sie einen Kranken heilte, beweisen, dass sie zur Ärztin taugte. Sie musste sich nicht erst mit einem jahrhundertealten Frauenbild anlegen.

Ein zweiter Grund mag die Verführung für die rückständigen männlichen Bewohner des Deutschen Reiches gewesen sein, ihr angeschlagenes Selbstbewusstsein durch die Abwertung des seinerseits traditionsverhafteten weiblichen Bevölkerungsteils aufzupolieren. Das ist Verdachtspsychologie, kann aber trotzdem richtig sein. Ja, man könnte sogar die im Vergleich zum Mann geringere Bezahlung, mit der sich Frauen überall, nicht nur in den Fabriken, sondern auch in den von ihnen eroberten Berufszweigen und in akademischen Positionen zufriedengeben (müssen), mit der Wut der Männer auf die Frauen erklären, die es wagen, mit ihnen zu wetteifern. In den Grund für diese finanzielle Schlechterstellung fließt immer noch das alte, veraltende Frauenbild ein. Der Mann erhält einen Familienlohn, denn er muss ja Frau und Kinder davon ernähren. Die Frau braucht nur sich selbst und vielleicht noch ein Kind durchzubringen – und auch das in der Regel nur vorübergehend. Der Lohn (das Honorar, der Verdienst, das Einkommen) bezieht sich also gar nicht auf die Arbeitsleistung, sondern auf die Lebensumstände der/des Arbeitenden. Die Frau wird vorausgesetzt als nur temporär Arbeitende, die eigentlich in der Familie, von ihrem Mann, versorgt werden müsste. Die gängige Praxis, zum Beispiel eine Lehrerin (das galt aber auch für Stelleninhaberinnen auf der Post und in der Verwaltung) sofort zu entlassen, wenn sie geheiratet hatte oder schwanger geworden war, spricht eine deutliche Sprache. Auch hinter heutiger Ungleichbezahlung steckt immer noch dieser uralte Kausalnexus.

Jenes alte, veraltende Frauenbild war nun nicht bloß positiv konnotiert, im Sinne von Schiller, (Frau = milde, züchtig, lieb und gefühlvoll), es enthielt auch eine Seite, die bereits gegen Ende des 19. Jahrhunderts nicht mehr politisch korrekt war – obschon ein Philosoph wie Nietzsche sie unverdrossen kolportierte: Frauen galten als körperlich und geistig *minderwertig.* Die endlosen Debatten, die einst darüber geführt und mit angeblichen empirischen Befunden untermauert wurden, sind heute weitgehend vergessen. Die Minderwertigkeitstheorie ist widerlegt, theoretisch ebenso wie praktisch. Was uns von ihr blieb, ist allerdings der niedrige Frauenlohn.

In den letzten beiden Jahrzehnten des 19. Jahrhunderts nahm die Frauenarbeit in den Fabriken, besonders der Textilindustrie, sowie im Handel sprunghaft zu. Arbeitsbedingungen und Löhne waren katastrophal. Und wie überall, wo es um Frauenarbeit ging, dachte man anfangs an einen bloßen Übergang, eine Ausnahmesituation. Die Arbeiterin selbst dachte entsprechend: »Augen zu und durch.« Aber so fest sie die Augen auch schloss, sie kam nicht durch. Es half nichts, sie musste sich von dem bürgerlichen Alt-Ideal der Versorgung durch den Mann lösen und stattdessen *mit ihm zusammen* um eine Verbesserung ihrer Arbeitsbedingungen kämpfen. Das unterschied sie von der bürgerlichen Frau, die *gegen* den Mann, seine Interpretationen ihrer »Bestimmung« und ihrer Leistung, Stellung bezog und sich zur Not in der Konkurrenz gegen ihn durchzusetzen hatte. Die Proletarierin, für die sich das Recht auf Arbeit als Pflicht zur Fron schon erfüllt hatte, als die Bürgerin noch um die Zulassung zu den Universitäten rang, war zwar als Unterbieterin am Arbeitsmarkt theoretisch ihres Mannes Gegnerin, in der Praxis aber zeigte sich, dass beiden gemeinsam der

Die Gräfin **Gertrude Guillaume-Schack** (1845–1903) gründete 1880 den Deutschen Kulturbund in Anlehnung an die 1875 von der britischen Sozialreformerin Josephine Elizabeth Butler (1828–1906) ins Leben gerufene Internationale Abolitionistische Föderation. Beide Vereine bekämpften mit Leidenschaft die gesellschaftliche Doppelmoral und damit die sexuelle Unterdrückung und Ausbeutung von Frauen. Sechs Jahre nach seiner Gründung wurde der Kulturbund verboten. Guillaume-Schack wandte sich daraufhin der Interessenvertretung der Arbeiterinnen zu.

gewerkschaftliche Kampf bevorstand, dass in der Fabrik *Einigkeit* stark machte, auch die zwischen Männern und Frauen. Da Frauen nun aber der Zutritt zu den meisten Männergewerkschaften nicht offenstand, bildeten sich Frauengewerkschaften; in England gelang es Emma Smith in den 1870er Jahren, eine solche Organisation ins Leben zu rufen. Deutschland zog mit der üblichen Verspätung in den 1880er Jahren nach, als Förderin trat eine Gräfin auf: Gertrude Guillaume-Schack. Eigentlich wollte diese Dame über die Hintergründe der Prostitution aufklären; durch die Beschäftigung mit einem Frauenleben am Rande des Existenzminimums kam sie ganz von selbst zur Arbeiterinnenfrage. Für die proletarischen Frauen gründete sie eine Zeitung: *Die Staatsbürgerin.* Guillaume-Schack wurde unter polizeiliche Aufsicht gestellt und schließlich (sie war Schweizerin) des Landes verwiesen.

Die Zusammenarbeit einer Gräfin mit Arbeiterinnen war eher eine Ausnahme; bürgerliche und proletarische Frauenbewegung vertrugen sich sonst nicht. Dafür näherten sich die Mitglieder männlicher und weiblicher Gewerkschaften einander an, der geschlechtsbedingte Ausschluss wurde schließlich abgeschafft. Jetzt war der Weg frei für eine gemeinsame Interessenvertretung von Männern und Frauen der Arbeiterklasse. Es zeigte sich, dass zwischen der Erkämpfung menschenwürdiger Lebens- und Arbeitsbedingungen, wie sie den Proletarierinnen (und den männlichen Proletariern) aufgegeben war, und dem Kampf um die »Hälfte des Himmels« beziehungsweise der Erde, wie die bürgerlichen Frauen ihn (gegen die Männer ihrer Klasse) führen mussten, eine Welt lag. Die bürgerliche Frauenbewegung stritt um Gleichberechtigung – *gegen* die Männer. Die proletarische Frauenbewegung stritt um Lohn und Würde – *mit* den Männern und *gegen* die neu entstandene Klasse der Kapitalisten. Die Ziele lagen so weit auseinander wie die Mittel. Einstweilen gab es wenig Berührung zwischen dem Frauenkampf der Klassen. Zu vermitteln suchten Minna Cauer und Jeanette Schwerin durch ihren Verein Frauenwohl und mit der Zeitung *Frauenbewegung.*

Von Anfang an schleppten diese Initiativen eine doppelte Fußfessel mit. Die eine war das immer noch virulente Vorurteil gegen die Frauenrechtlerei, die andere das neu aufkommende Vorurteil gegen den Sozialismus. Und in den Verdacht, den Klassenkampf führen und die Bourgeoisie enteignen zu wollen, gerieten alle Organisationen, die mit der Arbeiterklasse zu tun hatten, ob deren Mitglieder nun Männer waren oder Frauen. Clara Zetkin war das egal. Sie war bekennende Sozialistin und wollte die Befreiung der Arbeiterklasse sowie der Frauen zugleich bewerkstelligen: »Wie der Arbeiter vom Kapital unterjocht wird, so die Frau von dem Manne, und sie wird unterjocht bleiben, solange sie nicht wirtschaftlich unabhängig dasteht«, rief Zetkin auf dem Gründungskongress der Zweiten Internationale in Paris. Sie erhielt ungeteilte Zustimmung.

Ohne Stimmrecht keine Steuern

Die Suffragettenbewegung und zeitgleiche Kämpfe

Nachdem die Frauenbewegung sich erst einmal organisiert hatte – in Clubs und in Vereinen, die Forderungen und Petitionen in die (zum Teil neu entstehenden) Parlamente einbrachten –, gewann sie an Durchsetzungskraft und verlor an Spontaneität. Der Überraschungsfaktor schrumpfte, die Welt gewöhnte sich an das Genörgel der Weiber. Die Arbeiterbewegung ereilte dasselbe Schicksal. Aus rebellischen Haufen wurde die parlamentarisch tätige Sozialdemokratie oder Labour Party, die ins System sich einfügende Gewerkschaftsbewegung. In ihren Anfängen allerdings hatten die tendenziell machtvollen Organisationen, denen viel an ihrer vollständigen Legalisierung lag, hart zu kämpfen. Die alte Welt wollte ihre Existenz nicht akzeptieren und überzog sie mit Unterdrückungsmaßnahmen.

Suffragetten in New York, 6. Mai 1912

George Eliot: Bürgerlich hieß die gelehrte Dame Mary Ann Evans (1819–1880); sie schrieb eine Reihe brillanter Romane über das Leben in der englischen Provinz. Genauso berühmt wie für ihre literarische Produktion war sie zu ihrer Zeit für ihren Lebenswandel: Sie lebte mit ihrer großen Liebe, einem verheirateten Mann (der sich von seiner Frau getrennt hatte, eine Scheidung aber nicht erwirken konnte) zusammen, obwohl sie sich dadurch gesellschaftlich isolierte. Aber dank ihrer Erfolge auf dem Feld der Literatur wurde Eliot dann doch soziale Anerkennung zuteil. Selbst die Königin erbat ein Autogramm.

Kaum organisiert, mussten die mobilisierten Frauen sich nach Bündnispartnern umsehen, das verlangten Strategie und Taktik der Politik, das verlangten die nächsten Ziele, vor allem die Durchsetzung des Frauenstimmrechts. Für die Frauen kamen natürlich nur Männernetzwerke in Frage, aufgeschlossene Genossen aus dem linken und liberalen Parteienspektrum, aus humanitären Verbänden und aus dem kirchlichen Bereich. Wiewohl zum Beispiel die Sozialdemokraten die Frauenunterdrückung ebenfalls anprangerten, hatten sie es mit der Befreiung nicht allzu eilig, denn die würde sich, nachdem erst einmal der Sozialismus eingeführt sei, von selbst ergeben. Die Emanzipation wanderte als »Nebenwiderspruch« auf die Warteliste. Außerdem fürchteten die progressiven Männer den Konservatismus der Frauenmehrheit und standen deshalb der Forderung nach dem Frauenwahlrecht skeptisch gegenüber. In protestantischen Ländern war die Akzeptanz im Allgemeinen höher, aber begeisterte Anhänger der Frauenstimmrechtsbewegung fanden sich auch hier unter Männern selten. Sogar die englische Schriftstellerin Mary Ann Evans, die unter dem Pseudonym George Eliot erfolgreiche Romane publizierte und eine äußerst gebildete und kluge Lady war, lehnte das Frauenstimmrecht ab, mit der Begründung, die Frauen seien dafür noch nicht reif. Aber wie um alles in der Welt sollten sie zu Staatsbürgerinnen reifen, wenn ihnen die praktische Beteiligung am politischen Leben verboten wurde?

So fragte man sich in den USA schon Mitte des 19. Jahrhunderts. Und die Entschlossenheit der amerikanischen Feministinnen – die allerdings genau wie die Europäerinnen lange Zeit auf Granit bissen – übertrug sich stets umgehend auf die Mitkämpferinnen im ehemaligen englischen Mutterland. Zwischen den amerikanischen und den britischen Aufklärerinnen und Frauenrechtlerinnen gab es einen regen Austausch. So ist aus England von drei einflussreichen Frauenstimmrechtskämpferinnen zu berichten – man nannte sie Suffragetten (nach englisch suffrage: Stimmrecht) –, die für ihre Schwestern auf dem Kontinent zu bewunderten und beneideten Vorbildern wurden. Alle drei hatten übrigens Ehemänner, die dachten wie sie und ihren Kampf unterstützten.

Harriet Taylor Mill kam 1807 in London zur Welt, heiratete den Geschäftsmann John Taylor, bekam drei Kinder und bedauerte sehr, dass ihr Gatte so gar kein Interesse an politischen und philosophischen Fragen aufbrachte. Als sie 1830 den Philosophen John Stuart Mill kennenlernte, war es um sie geschehen. Und um ihn erst recht. Die beiden wurden ein Paar, diskutierten und schrieben gemeinsam, wobei Mill in Sachen Frauenfrage die Standpunkte seiner Gefährtin, inklusive der Forderung nach dem Stimmrecht für Frauen, komplett übernahm. Erst nach dem Tod von Taylor konnten Mill und seine Co-Autorin heiraten. 1851 veröffentlichte Harriet in einer radikalen Zeitung einen richtungweisenden Artikel, in dem sie für das Frauenstimmrecht warb. Ihr war schon immer klar gewesen, dass den Frauen mit Sonderrechten nicht gedient war, dass sie die *gleichen* Rechte, das heißt volle juristische und politische Bürgerrechte benötigten, um sich zu emanzipieren. »Was die Frauen brauchen, sind gleiche Chancen in allen gesellschaftlichen Möglichkeiten; nicht eine eigene Abteilung ...« Sie verglich Männer mit Sklavenhaltern und Frauen mit Sklavinnen und hob hervor, dass diese Praxis der Unterdrückung beide Geschlechter verderbe. »Im einen fördert sie die Laster der Macht, im anderen jene der Verstellung.« Harriet Mills Artikel diente im Folgenden als Grundlage für so manche Petition, die ins Unterhaus eingebracht wurde. Ihr Mann John Stuart Mill ließ sich 1866 als Abgeordneter ins Unterhaus wählen und legte die von seiner (inzwischen verstorbenen) Frau entworfene Petition vor. Dort reagierte man auf solche Eingaben zu Anfang mit Gelächter, später mit Ignoranz, schließlich mit anhaltender Verzögerungstaktik.

Glücklicherweise hatte die kluge Harriet Mill mutige Töchter im Geiste, sodass die Belagerung des Unterhauses nach ihrem frühen Tod bruchlos weiterging. Als Erste wäre zu nennen Millicent Garrett Fawcett, die als Tochter einer wohlhabenden Unternehmerfamilie 1847 in Suffolk zur Welt kam. In London lernte Millicent den Witwer John Stuart Mill kennen, der sie in Suffragettenkreise einführte und sie mit dem Abgeordneten Henry Fawcett bekannt machte, einem unbeugsamen Kämpfer für das Frauenwahlrecht. Henry und Millicent heirateten. Die gemeinsame Tochter Philippa war ebenfalls später politisch aktiv.

Ihre Hartnäckigkeit und ihr Organisationstalent brachte Millicent Fawcett 1890 an die Spitze der National Union of Women's Suffrage Societies, kurz NUWSS. Die Bewegung, die diesen Dachverband stützte, war breit, auch viele Arbeiterinnen zählten dazu. Bei Unterschriftensammlungen für das Wahlrecht kamen enorme Listen zustande, den Herren im Parlament wurde es allmählich mulmig. Aber sie wehrten sich immer noch. Der Premierminister riet zur »Tugend der Geduld«.

Mrs Fawcett und ihre Mitstreiterinnen bemühten sich bei ihrer Agitation für das Frauenstimmrecht um strikt legale Methoden. Denn: »Wir wollen uns der Bürgerrechte würdig zeigen, ob man unsere Forderung anerkennt oder nicht«. So beschränkten sich die Aktivistinnen auf das Abhalten von Versammlungen, das Halten von Vorträgen, die Herausgabe von Zeitungen und auf friedliche Umzüge. Die Bewunderinnen auf dem Kontinent übernahmen dieses Konzept der NUWSS mit nahezu ungeteilter Zustimmung. Auch sie mussten es sich gefallen lassen, in den Parlamenten immer wieder mit Hohn und Spott bedacht und mit ihren Anliegen nicht einmal auf die Tagesordnung gesetzt zu werden.

Die »Tugend der Geduld« war nicht jederfrau Sache. Jedenfalls entsprach sie nicht dem Temperament von Emmeline Pankhurst, die 1858 geboren worden war und von ihren liberalen Eltern, die auf eine gute Bildung Wert legten, schon früh auf politische Versammlungen, unter anderem für das Frauenwahlrecht, mitgenommen wurde. Emmeline heiratete einen Anwalt, der politisch auf ihrer Seite stand, entwickelte eine Theorie des gewaltfreien Kampfes für die Emanzipation, warf aber alle guten Vorsätze über Bord, als sie erkannte, dass das Patriarchat, institutionalisiert in Volksvertretung und Regierung, mit den Frauen Schlitten fuhr. Ihre Organisation, die Women's Social and Political Union (WSPU), ermunterte durchaus zum Regelverstoß. Pankhurst selbst bezeichnete den Stein, der eine Scheibe splittern ließ, als »Argument«. Manch missliebiger Antifeminist fand schon mal eine tote Katze in seinem Briefkasten, Feuer brach in Kirchen aus, es ging bis zu Bombenanschlägen. Dabei waren nicht nur die Suffragetten militant. Auch ihre Gegner traten bei Versammlungen mit Wurfgeschossen auf, unter denen faule Eier und Tomaten zu den harmloseren zählten. Die gemäßigte NUWSS verurteilte jede Form von Gewalt. Fawcett sagte: »Ich kann nicht glauben, dass das Anzünden von Häusern und Kirchen ... auf irgendeine Weise helfen soll, die Leute zu überzeugen, dass die Frauen das Stimmrecht erhalten sollten.« Aber sowohl in England als auch in Resteuropa sorgten die spektakulären Aktionen der radikalen Suffragetten für eben jene gesteigerte Aufmerksamkeit in Presse und öffentlicher Meinung, welche die gemäßigten Frauenrechtlerinnen inzwischen kaum noch fanden. Und diese Aufmerksamkeit war dem Establishment ein Dorn im Auge.

Die Polizei ging mit äußerster Härte gegen demonstrierende Suffragetten vor. Sie wurden niedergeritten, an den Haaren geschleift und in großer Zahl verhaftet. Emmeline Pankhurst, ihre Töchter Christabel und Adela und all die anderen Militanten der WSPU wanderten ins Gefängnis und erregten dort durch Hunger- und Durststreiks zusätzliches Aufsehen. Eine noch entschlossenere Märtyrerin erwuchs der Bewegung in der Suffragette Emily Davison, die sich 1913 aus Protest gegen die Vorenthaltung der gleichen Rechte vor das Pferd des Königs warf und ihren Verletzungen erlag. Ihr Begräbnis verwandelte sich in eine gewaltige Demonstration für das Stimmrecht. Emmeline Pankhurst: »Die Militanz der Männer hat durch die Jahrhunderte die Welt mit Blut getränkt, und für diesen Horror, diese Zerstörung sind sie mit Denkmälern, großen Gesängen und Epen belohnt worden. Die Militanz von Frauen hat nur das Leben derjenigen bedroht, die diesen gerechten Kampf gekämpft haben. Nur die Zeit wird offenbaren, welcher Lohn den Frauen zugesprochen werden wird.«

Im deutschen Kaiserreich riefen Wahlrechtskämpferinnen die Männer dazu auf, der Sozialdemokratie ihre Stimme zu

Polizei geht gegen eine Suffragette vor. England 1913

geben, da sich diese Partei 1891 dazu entschlossen habe, dem Frauenstimmrecht in ihrem Programm einen prominenten Platz einzuräumen. Vier Jahre später stellte die SPD diesen Programmpunkt im Reichstag zur Abstimmung und unterlag. 1902 gründen Lida Gustava Heymann und Anita Augspurg den Deutschen Verband für Frauenstimmrecht. Im selben Jahr findet in Berlin der zweite Internationale Kongress für Frauenstimmrecht statt. Hier gründen die Aktivistinnen den Weltbund für Frauenstimmrecht, dem sofort Vereine aus den USA, Großbritannien, Australien, Holland und Skandinavien beitreten. Die 84-jährige Amerikanerin Susan Anthony, Frauenpolitikerin der ersten Stunde, der es nicht zu viel ist, die lange Reise über den Ozean anzutreten, wird Ehrenvorsitzende. Die Sache der Suffragetten erfährt ihre Globalisierung. Für die rückständigen Herren in den Volksvertretungen wird es immer schwerer, ihre Position zu halten.

Interessant sind die unterschiedlichen Begründungen für das Frauenstimmrecht. Da gab es die Gleiche-Rechte-Fraktion unter den Suffragetten, die es ablehnten, darüber zu spekulieren, ob Frauen vielleicht bestimmte Fähigkeiten fehlten, die man haben müsste, um das Stimmrecht auszuüben, beziehungsweise nachzuweisen, dass Frauen alle erforderlichen Fähigkeiten in der Tat besaßen. Für sie waren Frauen Menschen wie die Männer auch und deshalb berechtigt, ihre Regierung zu wählen (wie auch ihr Vermögen zu verwalten etc.). Andere Suffragetten dachten differenzierter und erblickten gerade in der Verschiedenheit von Männern und Frauen gute Gründe, Frauen politische Verantwortung zu überlassen. Millicent Fawcett fand, dass »die weibliche Seite der Dinge in allen öffentlichen Angelegenheiten stärker gewichtet« werden müsse und dass die Politik nur gewinnen könne, wenn Frauen ihre Perspektive einbrächten. Diese Debatte über Gleichheit und Verschiedenheit der Geschlechter und über die Folgerungen, die sich aus den Geschlechtscharakteren für Frauenrechte und das Zusammenleben von Männern und Frauen ergeben könnten, setzte sich über das ganze nächste Jahrhundert fort, fächerte sich immer weiter auf und beschäftigt bis heute Biologen und Soziologen.

Die Gegner des Frauenwahlrechts, in der Regel Männer, aber durchaus auch Frauen, fürchteten – vor allem in Frankreich – um die Republik, weil die reaktionären Weibsleut sich für klerikal-monarchistische Strömungen stark machen würden. Ganz allgemein zitterten patriarchalisch empfindende Männer bei der Vorstellung, Frauen könnten in der öffentlichen Sphäre, also außerhalb des Hauses, ihr Wesen treiben, und waren schon deshalb dagegen. Premierminister Gladstone in England erklärte kurzerhand die Frau für heilig und das Parlament für profan – da könne es keine Berührung geben.

In Deutschland hat die Schriftstellerin Hedwig Dohm, geboren 1831, Großmutter von Thomas Manns Frau Katia und Mitbegründerin des Frauenvereins Reform, ein Buch über *Die Antifeministen* geschrieben, die allenthalben gegen Frauenrechte zu Felde zogen. Sie unterteilte ihre Gegner in vier Gruppen: Die »Altgläubigen« mit ihrem Wahlspruch: Es war schon immer so; die »Herrenrechtler«, die im Grunde Angst vor Frauen hatten und deshalb an dem bestehenden Machtgefüge festhielten; die »praktischen Egoisten«, die sich vor der weiblichen Konkurrenz fürchteten; und die »Ritter«, die um eine angenehme Rolle gebracht wären, wenn sie die Frauen nicht mehr beschützen und bevormunden könnten. Unter den Gegnern des Frauenwahlrechts fanden sich Vertreter sämtlicher Gruppen.

Das Wahlrecht war keine einheitlich-kompakte Angelegenheit; es ließ sich in viele unterschiedliche Bezüge und Reichweiten aufsplitten. So gab es in der Schweiz, die das allgemeine Wahlrecht für Frauen erst 1971 (!) spendierte, schon im 18. Jahrhundert ein spezielles Wahlrecht für Frauen, aber nur für solche mit Vermögen, und wahrgenommen wurde dieses Recht von Männern, die sich durch die Frauen delegieren ließen. In Preußen herrschte ab 1849 das Dreiklassenwahlrecht, das erst einmal abgeschafft werden musste, bevor an das *allgemeine* Wahlrecht für Frauen *und Männer* gedacht werden konnte. In England gewährte man, um den Suffragetten einen Brocken hinzuwerfen, während des ersten Jahrzehnts im neuen 20. Jahrhundert Frauen das kommunale Wahlrecht, auch das passive, sodass es in einigen Gemeinden zum neuartigen Phänomen der Bürgermeisterin kam. Auch in anderen Ländern, zum Beispiel in Norwegen, schloss man einen solchen Kompromiss. Es soll auch erwähnt werden, dass die Pariser Kommune von 1871 den Frauen das Wahlrecht eingeräumt hatte; nach der Niederschlagung des Aufstandes im selben Jahr wurde es aber sofort wieder einkassiert.

Pariser Kommune: Der Deutsch-Französische Krieg von 1870/71 endete mit einem Sieg der Preußen. Der letzte französische Kaiser, Napoleon III., ging ins Exil. In diesem Machtvakuum formulierte der Pariser Stadtrat – »La Commune de Paris« – ein sozialistisch-revolutionäres Programm und begann sogleich mit der Umsetzung (März bis Mai 1871). Blutig wurde dieser Aufstand von der provisorischen Regierung unter Adolphe Thiers niedergeschlagen. Die Kommune gilt als erstes praktisches Experiment mit der Rätedemokratie.

Der Erste Weltkrieg führte zu einer tiefen Zäsur in der Programmatik vieler Frauenvereine und auch in den Zielen einzelner Aktivistinnen. Noch bevor das Wahlrecht europaweit erkämpft war, besannen sich die Suffragetten auf eine neue Priorität: das Vaterland zu verteidigen, ihm siegen zu helfen. Wahlrecht hin oder her, sowohl Emmeline Pankhurst als auch Millicent Fawcett entdeckten ihren Patriotismus und weihten ihre Kräfte dem Kriegshilfsdienst. Die NUWSS wurde zu einem Verein für gleiche Bürgerrechte umgestaltet, die WSPU aufgelöst. Als das Frauenwahlrecht, dieses so wichtige Ziel der Emanzipation, kurz vor seiner Durchsetzung stand, verschob der Krieg den Fokus, auf den die politischen Leidenschaften der Frauen sich richteten. Aber die Zeit war nun reif.

Die Neuordnung nach Kriegsende wurde von den Frauen als Wählerinnen mit verantwortet.

In Wyoming, USA, hatten die Frauen schon ab 1869 ihre Stimme abgeben dürfen, in Neuseeland ab 1893. 1902 konnten im unabhängigen Australien die Frauen wählen – und gewählt werden. Das erste europäische Land, das Frauen das Wahlrecht gab, im Jahr 1906, war Finnland. Interessanterweise dauerte es mit dem Wahlrecht für Frauen dort am längsten, wo die Männer sich dieses demokratischen Rechtes schon früh versichert hatten: in der Schweiz und in Frankreich (hier mussten die Staatsbürgerinnen bis 1944 ausharren). In Deutschland, wo auch die (nicht vermögenden) Männer sich das Wahlrecht erst zu erkämpfen hatten, konnten die Frauen sozusagen auf den Zug mit aufspringen. Hier wie in den meisten europäischen Staaten war es die am Ende des Ersten Weltkrieges fällige Neuordnung (in Deutschland: Republik), die das allgemeine Wahlrecht auch für Frauen mit sich brachte. 1918 also war *das* Jahr des Frauenwahlrechts: in England (zunächst nur für Frauen über dreißig) und in Deutschland, wo es in der Weimarer Verfassung verankert wurde. In den USA wurden 1920 alle Frauen auf Bundesebene wahlberechtigt, so in England 1928 und in der Türkei 1930. Die Italienerinnen mussten bis 1946 warten und die Belgierinnen bis 1948. Rechte können auch wieder aberkannt werden, und so geschah es mit dem passiven Wahlrecht für Frauen unter der Herrschaft des Nationalsozialismus: Im »Dritten Reich« konnten sich Frauen nicht mehr als Kandidatinnen aufstellen lassen. Auch in Spanien und Portugal fuhren die diktatorischen Regime bereits eroberte Frauenrechte wieder zurück; die weibliche Bevölkerung dieser Länder kam erst Mitte der 1970er Jahre in den vollen Genuss des Wahlrechts.

Plakat zur Wahl der Nationalversammlung am 19. Januar 1919

Und was änderte das Frauenstimmrecht? Für die Frauen und auch für die jeweiligen Staaten weit weniger als erwartet. Viele Bürgerinnen hatten geglaubt, dass ihnen mit dem Wahlrecht ein Hebel in die Hand gegeben werden würde, mittels dessen sie ihr Leben völlig neu gestalten könnten. Das erwies sich als Irrtum. Die langwierigen Prozeduren der Gesetzgebung, die Weigerung der nach wie vor männerdominierten Parteien, frauenpolitischen Programmpunkten Priorität einzuräumen, all das führte dazu, das Frauen ihre Wünsche nach Eigenständigkeit und Freiheit erst einmal wieder vergessen konnten. Eine lähmende Enttäuschung machte sich breit. Sollten die sozialistischen Köpfe August Bebel und Rosa Luxemburg recht gehabt haben, als sie voraussagten, dass erst der Sozialismus die Frauen von ihrer Unterdrückung erlösen würde, Reformen innerhalb der bürgerlichen Gesellschaft auf bloße Kosmetik hinausliefen?

Rosa Luxemburg (mit ihr: Clara Zetkin) hatte zu den wenigen Standhaften gehört, die sich gegen die Kriegsentscheidung stemmten, aber selbst ihre feurige Agitation konnte nichts gegen den Chauvinismus ausrichten, der sogar die Sozialdemokraten und viele Frauenrechtlerinnen ergriff. Sie war eine Ruferin in der Wüste geblieben. Ihre Freundin und Genossin Clara Zetkin führte nach Rosa Luxemburgs Ermordung den Kampf weiter und bemühte sich, Emanzipation und Sozialismus unter einen Hut zu bringen. Das war nicht leicht, denn in Deutschland waren – anders als in England – die proletarische und die bürgerliche Frauenbewegung heillos zerstritten. Den bürgerlichen Frauen ging es vor allem um die politische Gleichstellung, den proletarischen um die ökonomische. Die Sozialdemokratin Zetkin verteidigte die Hierarchie der »Widersprüche« im Kapitalismus, indem sie

Clara Zetkin und Rosa Luxemburg auf dem Weg zum SPD-Parteitag in Magdeburg, September 1910

– wie in Frankreich Louise Michel – die politische Befreiung der Frauen auf die Zeit »nach der Revolution« verschob. Mit der Emanzipation der Lohnarbeiter würde auch die der Frauen ganz von selbst erfolgen. Diese mechanische Vorstellung von gesellschaftlicher Umwälzung hielt den Realitäten nicht stand, gleichwohl hat sich Zetkins Einschätzung der Wahlrechtskampagne im Wesentlichen bewahrheitet. Auf dem Gründungskongress der Zweiten Internationale sprach Zetkin 1889: »Das Stimmrecht ohne ökonomische Freiheit ist nicht mehr und nicht weniger als ein Wechsel, der keinen Kurs hat. Wenn die soziale Emanzipation von den politischen Rechten abhinge, würde in den Ländern mit allgemeinem Stimmrecht keine soziale Frage existieren. Die Emanzipation der Frau wie die des ganzen Menschengeschlechtes wird ausschließlich das Werk der Emanzipation der Arbeit vom Kapital sein. Nur in der sozialistischen Gesellschaft werden die Frauen wie die Arbeiter in den Vollbesitz ihrer Rechte gelangen.« Tatsächlich gab es nach Einführung des Frauenwahlrechts nirgendwo einen politischen Erdrutsch in Richtung auf liberale Parteien, die Frauenrechte durchsetzen wollten. Frauen entschieden sich bei Wahlen entlang der Interessen ihrer *Klasse* und nicht ihres *Geschlechts*. Viele wählten, was ihre Männer wählten. Der alte Parteienproporz blieb gewahrt.

Die aus Polen stammende Revolutionärin **Rosa Luxemburg** (1871–1919) agitierte unermüdlich für die damals noch von Verboten bedrohte Sozialdemokratie – bis sie sich 1914 nach dem Umschwenken ihrer Partei auf die Linie der Kriegsbefürworter der Gründung des Spartakusbundes (später KPD) verschrieb. Luxemburg, die in Zürich Ökonomie studiert hatte, verbrachte einen Großteil ihres bewegten Lebens in Gefängnissen. Sie ersehnte die sozialistische Revolution, hielt aber nichts von einer Parteidiktatur. Nach dem Ersten Weltkrieg wurde sie von Freikorps-Banditen in Berlin ermordet.

Trotz ihrer Skepsis hat Zetkin das Frauenwahlrecht befürwortet und gefördert, sie hat sich bloß nicht viel davon versprochen. Ihre Arbeit in der (von 1878 bis 1890 verbotenen und verfolgten) Sozialdemokratie berücksichtigte immer den Frauenaspekt. Von 1891 bis 1917 war sie Herausgeberin der Frauenzeitung *Die Gleichheit*. Sie leitete den siebten Kongress der Sozialistischen Internationale im August 1907 in Stuttgart und initiierte auf der Zweiten Internationalen Sozialistischen Frauenkonferenz am 27. August 1910 in Kopenhagen, an der Delegierte aus siebzehn Nationen teilnehmen, den heute noch begangenen »Frauentag« – damals 19., inzwischen 8. März.

Dieser Frauentag war ursprünglich ein Mahn-Tag für das Frauenwahlrecht.

Clara Eißner, nachmals Zetkin, wurde 1857 in Wiederau geboren. Ihr Vater war Lehrer, ihre Mutter eine entschiedene Frauenrechtlerin. Clara gehörte zu den Sozialdemokratinnen der ersten Stunde; als ihre Partei verboten wurde, ging sie nach Zürich und Paris ins Exil. Ihr erster Mann, Ossip Zetkin, war ein russischer Revolutionär. Mit ihm hatte sie zwei Söhne. Nach Aufhebung des Sozialistengesetzes konnte sie nach Deutschland heimkehren. In Stuttgart heiratete sie nach Zetkins Tod den Maler Friedrich Zundel. Eigentlich verheiratet aber war sie mit ihrer Partei, für die sie unablässig, auch frauenpolitisch, wirkte.

Die Gründerväter der Sozialdemokratie, Karl Marx und Friedrich Engels, denen Zetkin theoretisch zu folgen versuchte, waren, was die Frauenfrage betrifft, unbestimmt geblieben. Zwar haben sie, quasi in Fußnoten, auch mal was über die Befreiung der Frauen gemurmelt, ihr eigenes häusliches Leben aber war ausgesprochen patriarchalisch. Das galt für den großen Rest der Genossen gleichermaßen. Umso höher ist die Leistung Clara Zetkins, auch die Rosa Luxemburgs, zu bewerten, die sich in diesem verschworenen Männerclub durchsetzten und dabei die Emanzipation nicht aus dem Blick verloren.

Als sich gegen Ende des Krieges die nachmalige KPD, die Kommunistische Partei Deutschlands, von der Sozialdemokratie abspaltete, war Kriegsgegnerin Zetkin mit dabei. Lange war sie in führender Funktion in der KP tätig, stets in Gefahr, von Fraktionskämpfen zerrieben zu werden. Aber sie hielt sich als kämpferische Abgeordnete und wurde 1932 sogar Alterspräsidentin des Deutschen Reichstages. Ihre geistige Heimat war das revolutionäre Russland, wo sie auch einen Wohnsitz innehatte und wohin sie 1933 emigrierte. Bald darauf starb sie. Über die stalinistische Sowjetunion hat sie sich durchaus kritisch geäußert. Dass die Frauen dort manche Freiheiten (so der Berufsausübung) und das uneingeschränkte Wahlrecht besaßen, galt ihr allerdings als Ausweis von Fortschrittlichkeit. Aber was konnten die Sowjetbürgerinnen schon wählen? Es gab ja nur eine Partei. So musste Clara Zetkin miterleben, dass das Frauenwahlrecht, dem sie im Kontext der neuen Republiken des Westens nicht viel zutraute, auch »nach der Revolution«, während der Diktatur des Proletariats (realiter: der KP) im sowjetischen Russland, kein »Hebel« der Frauenemanzipation werden konnte.

Aber auch die Russische Revolution hat, genau wie einst die Französische, schon nach ihrem ersten Schub von 1905 soziale Phantasie freigesetzt und dazu geführt, dass Ziele formuliert wurden, wie sie in den institutionalisierten Vereinen und Parteien höchstens ein Schattendasein führten. Die Persönlichkeit, in der das ganze Ausmaß frauenpolitischer Ansprüche im neuen Jahrhundert eine unbeirrte Vertreterin fand, hieß Alexandra Kollontai. 1872 als Tochter eines zaristischen Generals geboren, heiratete sie gegen den Willen ihrer Eltern einen nicht eben wohlsituierten Cousin und entschied sich nach ersten Kontakten mit den russischen Armen auf dem Land und in der Industrie für die soziale Revolution. Bald ist sie eine international gesuchte Autorin und Rednerin für alle Themen, die mit der Frauenemanzipation zu tun haben, sie trifft Rosa Luxemburg und Clara Zetkin und wird erste Ministerin (Volkskommissarin) in Lenins revolutionärer Regierung, später Gesandtin der Sowjetunion in Mexiko und Skandinavien. Sie lässt nicht zu, dass Frauenfragen übergangen oder verschoben werden, und sie will mehr als Wahlrecht und Mädchenschulen.

Kollontai setzt bei der Lebenswirklichkeit von Frauen an. Sie fordert Kinderkrippen, Ganztagsschulen, Unterstützung unverheirateter Mütter, erleichterte Scheidung, das Recht auf Abtreibung und – ein Ende der Doppelmoral. Freie Liebe. Für die in ihren patriarchalischen Strukturen festsitzenden Genossen geht sie damit zu weit, auch für ihre Kolleginnen im Westen. Aber sie hält lange an ihren Forderungen fest, trotz der immer rigideren, am Ende terrorgestützten Politik der Bolschewiki: »Nur eine ganze Anzahl von tiefgreifenden Reformen auf dem Gebiet der sozialen Beziehun-

Russische Revolution: Im Februar 1917 fand in Russland eine Revolution statt, die der Zarenherrschaft ein Ende machte, deren Führer unter Kerenski aber weder auf die Kriegsfrage noch auf die sozialen Probleme des rückständigen Landes eine Antwort fanden. Da griff im Oktober des Jahres die Partei um Lenin und Trotzki nach der Macht. Sie bildeten Arbeiter- und Soldatenräte und beendeten umgehend den Krieg. Durch diesen Coup sicherten sie sich die Loyalität eines Großteils der Bevölkerung. In späteren Jahren konnten sie sich aber nur durch Terror an der Macht halten.

gen – Reformen, welche die Pflichten von der Familie auf die Gesellschaft und den Staat übertragen – könnten ein Umfeld herstellen, wo sich das Prinzip der ›freien Liebe‹ zu einem gewissen Grad erfüllen ließe.« Damit ist Kollontai die Erste, die eine feministische Körperpolitik durchzusetzen versucht, und wie es in revolutionären Zeiten häufig geschieht, werden ihre radikalen Ansätze erst bejubelt und später unter Verwünschungen verworfen, entsprechende Reformen (Abtreibung, Verhütung, Scheidung) zurückgenommen. Aber die Frauen, die im 20. Jahrhundert die Emanzipation tragen werden, stammen geistig weder von Louise Otto, Clara Zetkin oder Millicent Fawcett ab, sondern von Alexandra Kollontai.

In den 1940er Jahren resignierte die Rebellin dann doch. Bei Neuauflagen ihrer Werke strich sie die Passagen über Sexualität und befreite sich so vom Vorwurf des – die Sowjets liebten Wortneuschöpfungen, die auf -ismus endeten – George-Sandismus. Ja, richtig, Kollontais Freimut war dem der französischen Schriftstellerin George Sand, mit dem diese schon im 19. Jahrhundert die Sexualität der Frauen thematisierte, eng verwandt.

Die russische Sozialdemokratie spaltete sich 1903 bei einer Abstimmung über ihr weiteres Vorgehen in einen Mehrheitsflügel (**Bolschewiki**), der eine Kaderpartei der Berufsrevolutionäre forderte, und in die Minderheitler (**Menschewiki**), die Reformen verwirklichen und ein Parlament einführen wollten. Den Bolschewiki unter Lenin fiel während der Oktoberrevolution die Macht zu. Sie errichteten eine Diktatur, die unter Stalin ab den späten 1920er Jahren in eine Phase des Terrors mündete, der Millionen Menschen zum Opfer fielen.

Körperpolitik haben erfindungsreiche und durchsetzungsfähige Frauen auch ganz gezielt betrieben, um auf ihre Lage und ihre Forderungen aufmerksam zu machen. So haben die britischen Demonstrantinnen für das Wahlrecht, die sich wegschleppen und im Gefängnis zwangsernähren ließen, ihre Körper eingesetzt, um politisch voranzukommen. Mathilde Franziska Anneke hat als »Amazone« einen starken, bewaffneten Körper vorgeführt; um zu zeigen, dass sie kämpfen konnte, ebenso Théroigne de Méricourt. Und rein körperlich haben Frauen oft durch ihre schiere Präsenz vollendete Tatsachen geschaffen, so im Ballhaus zu Versailles während der Revolution, so auf Frauenkonferenzen im Schatten restriktiver Vereinsgesetze, so auch, als sie sich in Versammlungen der Ersten Internationale hineinbegaben, die ihnen eigentlich verschlossen sein sollten.

Schon allein mit ihren Körpern haben sie diesen Ausschluss quasi kritisiert. Die Autorin Antje Schrupp hat über den »körperlichen Akt«, den konkreten »Eintritt einer Frau aus Fleisch und Blut in die Organisation der »anderen«, der Männer« geschrieben, er schaffe »die Notwendigkeit einer Vermittlung, die anders niemals zustande gekommen wäre. Besonders deutlich wird das in Frankreich, wo sich die Internationale anfangs weigerte, Frauen aufzunehmen. Dagegen haben die französischen Sozialistinnen nicht protestiert oder argumentiert, sondern sie haben das einfach ignoriert. Sie haben mitgearbeitet, Verbündete gesucht, bis schließlich dieses Verbot obsolet geworden war.«

Man fürchtete auch um den Familienfrieden, wenn ein Ehepaar unterschiedliche Parteien wählt. Mit dieser Begründung verlieh man das **kommunale Wahlrecht** in England und Skandinavien im ersten Anlauf nur ledigen und verwitweten Frauen! In der Schweiz wurde in den 1920ern ein Plakat verbreitet, auf dem eine leere Wiege zu sehen war; das Kind war rausgefallen und lag brüllend auf dem Boden. Der Text verkündete »Die Mutter treibt Politik! – Frauenstimmrecht NEIN«.

Das durchgesetzte Wahlrecht, die Enttäuschung über die geringe Wirkung, die tiefe Blamage der sozialistischen Idee im Stalinismus, der Erste Weltkrieg mit seinen Verheerungen, auch den moralischen Verheerungen des Chauvinismus – all das waren die vielen Barrieren, an denen sich der Elan der Emanzipationsbewegung brach. Aber der Krieg hatte den Frauen Bewährungsproben auferlegt, die sie so souverän meisterten, dass weder ihr Selbstwertgefühl noch ihre Akzeptanz durch die Männerwelt wieder ganz zurückgefahren werden konnte. Im Gesundheitswesen und in der Rüstungsindustrie, aber auch als »Männerersatz« in sämtlichen Berufszweigen hatten Frauen Leistungen erbracht, die nun doch Zweifel weckten an ihrer fehlenden Eignung fürs »feindliche Leben«.

Alexandra Kollontai, 1910

Ferner zeigte eine wichtige Errungenschaft der Frauenbewegung Wirkung: Die Frauenbildung hat die Bürgerinnen für das Berufsleben gerüstet, jetzt wollen sie zeigen, was sie können. Noch wird die Arbeiterin ausgebeutet, die Angestellte schlecht bezahlt und die Studentin auf Fächer orientiert, die in sogenannte Frauenberufe führen. Aber ein Anfang ist gemacht. Frauen verlassen massenweise das Haus – nicht nur um wählen, sondern auch um arbeiten zu gehen. Die Frauenerwerbsquote steigt, einerseits, weil Frauen sich in bezahlter Arbeit bewähren wollen, andererseits, weil Industrie, Dienstleistung und Verwaltung sie brauchen. Viele Frauen arbeiten auch, um sich durchzubringen, und wünschen, sie hätten es nicht nötig. Für alle aber gilt, dass die Arbeit außer Haus ihr Selbstbewusstsein stärkt. Die Frau hat ein Stück Außenwelt erobert. Auch wenn die Kosten hoch sind, tut die Eroberung doch gut. Allmählich gewöhnt sich die Welt an das Mädchen mit der Aktentasche, die Dame auf dem Amt, die Frau Doktor in der Praxis. Das Frauengefängnis Privatsphäre ist aufgebrochen.

Neben der organisierten Frauenbewegung sind es immer wieder einzelne herausragende Frauen, Forscherinnen, Künstlerinnen, Sportlerinnen, die mit ihren Leistungen beeindrucken, Preise gewinnen, Stile kreieren und Rekorde aufstellen, und diese Frauen werden zu Vorbildern für die nächste Mädchengeneration. Sie sind jetzt keine exotischen Ausnahmen mehr wie Madame du Châtelet, sie müssen sich nicht verkleiden, um an wichtigen Debatten teilzunehmen – auch wenn die Widerstände, die sie zu überwinden haben, um vieles massiver sind als bei den Männern. Das Frauenbild *hat* sich spätestens nach dem Ersten Weltkrieg tiefgreifend verändert. Es ist variantenreicher geworden, und es lässt mehr Eigenständigkeit zu.

Ausdruckstanz, Tennis und Nobelpreis

Die weibliche Avantgarde

»An diesem Abend saßen wir in der Loge und sahen Loie Fuller tanzen«, schreibt Isadora Duncan in ihren Lebenserinnerungen. »Was für ein außerordentlicher Genius! Was sie macht, kann man nicht wiederholen, und man kann es nicht beschreiben. Sie war ganz Licht, ganz Farbe.«

Isadora Duncan war Loie Fuller hinterhergereist, um ihren Auftritt im Berliner Wintergarten 1902 mitzuerleben. Beide Tanzkünstlerinnen lebten in Paris. Während die ältere Fuller längst als Sensation gehandelt wurde, als eine höchst eigenwillige Artistin, deren berühmte »Lichttänze« ihr überall volle Häuser sicherten, stand die jüngere Duncan noch am Anfang ihrer Laufbahn. Fuller war vom Talent und vom Sendungsbewusstsein der jungen Isadora beeindruckt und bemühte sich, sie zu protegieren.

Der neue Tanz – später nennt man ihn »Ausdruckstanz« – hatte mit dem Ballett nichts mehr zu tun. Er suchte die Freiheit. Er suchte, so wie Duncan ihn vormachte, die Wendung, die Windung, das bewegte Bild, das entsteht, wenn der Körper seinem eigenen Ausdrucksverlangen folgt. Er suchte nach Fullers Beispiel den Wirbel, den Wellengang, den Feuerstoß, die entstehen, wenn Bewegung sich in angestrahlter Materie fortsetzt. Das war ein kühnes, revolutionäres Programm, und seine ersten Verkünderinnen, Loie Fuller, geboren 1862, und Isadora Duncan, Jahrgang 1877,

Die Kalifornierin **Isadora Duncan** war eine bedeutende Anregerin der modernen Tanzkunst (1877–1927). Als Zwanzigjährige eroberte sie mit ihren ungewöhnlichen Auftritten Europa – sie tanzte barfuß, gehüllt in eine leichte Tunika. Das Publikum war der gekünstelten Posen des Balletts ch müde und applaudierte dieser Künderin der Natürlichkeit mit großer Begeisterung, so vor allem in Paris, London, Berlin, Wien und Moskau. Duncan lehnte die Ehe ab, nicht aber die Mutterschaft. Tragischerweise verlor sie ihre beiden Kinder bei einem Unfall.

kamen nicht zufällig aus Amerika, einem Land, in dem das klassische Ballett nie wirklich heimisch war. Dafür hatten die Vereinigten Staaten immer etwas übrig für Wagemut und Experimentierfreude, und solche Charakterstärken besaßen die beiden Pionierinnen einer erneuerten Tanzkunst. Beide wurden große Stars, Ikonen des Tanztheaters, Avantgardistinnen auf dem Felde eines modernen Körperausdrucks und nebenbei Befreierinnen des Frauenleibes aus Korsett und Knöpfstiefeln. In dieser Allgemeinheit aber erschöpfen sich die Ähnlichkeiten. Beide Künstlerinnen waren grundverschieden. Dennoch konnten sie einander vorbehaltlos anerkennen.

In der **Tanzkunst** geschah es dann auch, dass die schöpferischen Frauen, die diese Kunst erneuerten, sich in ihrem Bemühen nicht als Ausnahmen in einem männerbeherrschten Milieu zu fühlen brauchten, sondern sich bei der Erfindung und Vorführung ihres tänzerischen Ausdrucks unabhängig von der sonst alles beherrschenden Beziehung zum Mann erleben durften und frei und ganz auf sich gestellt mit ihren Compagnien experimentieren konnten.

Loie Fuller war die modernere und radikalere der beiden. 1892 zeigte sie in Berlin ihren Serpentintanz. Aber was *ist* ein Serpentintanz? Etwa eine Frau, die sich wie eine Schlange bewegt? Bei Fuller war es die Darstellung des Schlangenhaften an sich. Diese Künstlerin führte die *Abstraktion* in die Tanzkunst ein, das war ihre epochale Leistung. Sie tanzte keine Figuren mehr, auch keine Allegorien und keine Geschichten. Sie war, wie Duncan schrieb, ganz Licht und Farbe. Sie tanzte Inbegriffe, Formen, Elemente. Sie tanzte Wolken, Blitze und Wind. Sie tanzte den Rausch, den Traum, die Vergänglichkeit, die Ewigkeit. Und zwar nicht metaphorisch, sondern unmittelbar.

Fuller verzichtete auf Kulissen, sie tauchte den Zuschauerraum in tiefstes Schwarz, ließ elektrische Lichtblitze von oben auf ihre Seidenflügel einprasseln, arbeitete mit fluoreszierenden Substanzen, auf von unten beleuchtetem Bühnenboden und bestrich ihre Textilien mit Leuchtfarben. So zauberte sie nicht nur nie gesehene Wellenbewegungen in den Bühnenraum, sondern auch unglaubliche Farben und Reflexe und gab dem Publikum das Gefühl, das Sehen neu zu lernen. Man nannte sie die »Fée d'électricité«, ein Beiname, der einen leichten Schauder weckte, denn noch war die Elektrizität im alltäglichen Gebrauch eine junge Errungenschaft und nie ganz ungefährlich. Respektvoll spricht die Tanzgeschichte von Fuller als »Göttin des Lichts«. Für die Weltausstellung 1900 entwarf sie mit dem Architekten Henri Sauvage und dem Bildhauer Pierre Roche das Théatre Musée Loie Fuller. Sie umgab sich mit Spezialisten, wollte aber selbst alles wissen und korrespondierte mit dem Physikerehepaar Marie und Pierre Curie. Es wurde eine Freundschaft daraus, und Fuller tanzte auf den Feiern zur Verleihung des Nobelpreises an die Curies 1903 und 1911.

In Paris lebt Loie mit Gabrielle Bloch zusammen (allerdings nie in derselben Wohnung), einer viel jüngeren Gefährtin, die ihre Mitarbeiterin wird. Loie ist mit vielen bedeutenden Männern bekannt, so mit dem Astronomen Camille Flammarion und dem Bildhauer Auguste Rodin, dennoch ist es eine *Frauenwelt*, in der sie sich bewegt, bevölkert von einer Vielzahl junger Elevinnen, dominiert von Gabrielle und strukturiert von der Tanzkunst und der von Loie in diese Kunst eingebrachten ausgefeilten Technik.

Duncan dagegen war eine religiös motivierte Abenteurerin in der Tanzkunst – eine Charakterisierung, von der in Frage steht, ob sie ihr zugestimmt hätte. Denn die Priesterin des freien Tanzes, als die sie berühmt wurde, ist schon Selbstinszenierung, ist schon eine Rolle. Dahinter wirkte, als letzter Antrieb, ihr Hunger nach dem Vorstoß ins Unbekannte – geographisch, künstlerisch, ideologisch. Es hat viel Mut dazu gehört, als Frau in jenen Zeiten diesen Hunger zu stillen. Dass Duncan sich durchsetzte, hängt damit zusammen, dass jene Zeit auf einen Umsturz in allen Künsten wartete. Isadora kam genau richtig.

In Berlin, wo Fuller schon 1892 im Wintergarten aufgetreten war und wo Duncan zwischenzeitlich lebte, war man moralisch weit weniger großzü-

Tänzerinnen der Schule Gertrud Bodenwieser. Foto: Madame d'Ora, Wien (undatiert)

gig als im freieren Paris. Das bekam Duncan zu spüren, als sie sich weigerte, den Vater ihres Kindes zu heiraten und man ihr daraufhin die Unterstützung für ihre Berliner Tanzschule entzog. Sie musste die Schule schließen. Man darf vermuten, dass die Berliner Kunstfreunde über Fullers Leben im weiblichen Milieu nicht weiter nachdachten und sie so frohen Herzens feiern konnten – nicht wissend, dass diese Frau außerhalb des normativen Gefüges stand, das sie in Sachen Privat- und Sexualleben für unabdingbar hielten. Duncans Abweichung fiel stärker auf. Sie hatte sich schon als Kind geschworen, nie zu heiraten. Das Schicksal ihrer Mutter vor Augen, die mit vier Kindern von ihrem untreuen Ehemann sitzengelassen worden war, entschied sie sich für die Freiheit. Dazu gehörte aber nicht der Verzicht auf Kinder. Duncan hielt es für das Naturrecht jeder Frau, Kinder zu gebären, wann und von wem sie wollte, ohne sich dafür Ehefesseln einzuhandeln. Dieses ungestüme, in der damaligen Zeit schwerlich zu lebende Freiheitsverlangen übertrug sie auf ihre Kunst, den Tanz, und dort war dieses Verlangen geradezu idealiter praktizierbar!

Zu Beginn wird Isadora mehr belächelt als belobigt. Aber es sind dann die Berliner und Pariser, denen ihre feine, zugleich innige und nervöse, von ihr selbst als vergeistigt beschriebene Bewegungskunst etwas sagt. »Die Gesellschaft, in der sie lebt«, schreibt die Tänzerin und Autorin Marianne Wick, »ist von der gleichen fiebrigen Sehnsucht nach Auflösung der überholten Kunstformen befallen wie Isadora selber.«

Ja, es war die Epoche eines großen Umbruchs in allen Künsten, die klassizistische Gefälligkeit wich einer spröden, aggressiven Moderne, Kunst sollte nicht mehr schmücken, sondern die Wahrheit sagen. Das war in der Lyrik und in der Belletristik nicht anders als in der Musik, auf dem Theater und in der Malerei. Zur künstlerischen Avantgarde, die sich um die Jahrhundertwende der alten kalten Pracht entledigte und neue Wege suchte, gehörten auch einige Frauen. Angeführt aber wurde diese Vorhut von Männern. Sie dominierten wie eh und je die Buchmärkte, die Konzertsäle, die Theaterbühnen und die Bildergalerien. Nur in der Tanzkunst war es anders. Hier dominierten die Frauen. Und zwar überall und weitreichend.

Es lohnt sich, darüber nachzudenken, wie es dazu kommen konnte.

Die »Belle Epoque« war insofern keine schöne Epoche, als sich in ihr immer noch die These hielt, Frauen seien das minderbegabte Geschlecht; um es in den Künsten zu großen Leistungen, gar zu bedeutenden Innovationen zu bringen, seien sie weder mit Talent noch mit Kraft in ausreichendem Maße gesegnet.

Ein Blick auf das Verhältnis von Männern zu Frauen unter den Kunstschaffenden in Geschichte und Gegenwart schien diesen Befund zu bestätigen. Überall sind die Männer vorn, und die Frauen muss man suchen. Aber nun tauchen plötzlich, wie aus dem Nichts, diese weiblichen Genies der Tanzkunst auf. Sie heißen (nach Isadora und Loie) Ruth St. Denis, Mary Wigman, Gertrud Bodenwieser, Grete Wiesenthal, Martha Graham, um nur einige zu nennen, und sie beherrschen die Szenerie ganz und gar, die Männer stehen beziehungsweise tanzen so vereinzelt herum wie in den anderen Künsten die Frauen. Die These, dass Frauen für historische Rollen in der Avantgarde die Begabung und die Energie fehle, ist widerlegt. Noch einmal also die Frage: Warum ist es just die Tanzkunst, in der Frauen reüssieren?

Die Antwort ist einfach und soll entlang dreier Begriffe erläutert werden: Truppe, Corps und Compagnie. Alle drei bezeichnen militärische Formationen, in die Tanzkunst wurden sie wohl deshalb übernommen, weil sie sich hier ebenfalls auf lebendige Körperschaften beziehen, die sich im Gleichtakt bewegen. Nur dass die tanzenden Truppen, Corps und Compagnien aus Frauen bestehen. Sicher, Männer gehören heute dazu, und sie waren auch früher in ihren Prinzenrollen dabei – es ist aber so, dass die tanzende Truppe der vor-vorigen Jahrhundertwende beim Ballett und bei dessen Gegenentwurf, dem »freien Tanz«, fast immer ausschließlich weiblich war. In Isadora Duncans Tanzschulen wurden nur Mädchen aufgenommen, und es bewarben sich auch nur Mädchen. Die berühmte Tänzerin Gertrud Bodenwieser wählte einzig ausdrucksstarke

Als **Belle Epoque** wird die Zeit zwischen den 80er Jahren des 19. Jahrhunderts und dem Vorabend des Ersten Weltkriegs bezeichnet. Die bürgerliche Urbanität mit dem Glanz der großen Boulevards, dem floralen Jugendstil, der Caféhauskultur und der Blüte einer geistvollen Kabarett-, Varieté- und Theaterkunst sowie die neu entstehenden opulenten Kaufhäuser erlaubten einen Lebensgenuss, der breiten Schichten offenstand. Die Schattenseite der Verstädterung, die Mietskasernen und Elendsquartiere, fielen vergleichsweise gering ins Gewicht.

junge Frauen für ihre Truppe aus; das Jahr, in dem der erste Mann beitrat (1951), ist in ihrem Lebenslauf eigens vermerkt. Ein Biograph der Martha Graham nannte es ein Ereignis, als in den 1930er Jahren erstmals ein Mann an Grahams gut besuchten Tanzkursen teilnahm. Zeitgleich haben wir mit den Revuegirls die ausschließlich weibliche Chorus Line. Diese weibliche »Truppe« im tänzerischen Entertainment unterstreicht es noch einmal: Der Tanz, das Ballett und sein Widerpart, der Ausdruckstanz, beide kannten die weibliche »Compagnie«, sie setzten sie voraus und schufen sie neu.

Frauen hatten immer Talente, sie hatten auch Kraft, aber sie hatten keine exklusiven Milieus, in denen sie sich ausprobieren konnten. Etwas Entscheidendes fehlte: die Truppe, die Gruppe, der Club. Das Netzwerk. Der exklusive Frauen-Raum, in dem sich Berufene, unbelastet von den Irritationen der Geschlechterspannung und ganz ihrem Fachgebiet hingegeben, unter ihresgleichen bewegen und austauschen konnten. In dem sie sich auseinandersetzen, bekämpfen, verbünden, inspirieren und eine Ausbildung absolvieren konnten. Männer hatten immer solche Clubs, seit Anbeginn der geschriebenen Geschichte. Sie hießen Armee, Kirche, Zunft, Loge, Akademie, Universität, Partei, Verein. Frauen waren manchmal als Zaungäste zugelassen, im Wesentlichen aber ausgeschlossen. Eine Ausnahme bildeten die Nonnenklöster, und so ist es auch kein Wunder, dass die wenigen hochgebildeten Frauen des Mittelalters, die mit neuem philosophischen Gedankengut hervortraten, aus dem Umkreis von Klöstern stammten.

Der Einfluss des Corps auf die Entwicklung eines Talents und einer Karriere kann gar nicht überschätzt werden. Das Corps bietet einen Schutzraum, der dem Eleven seine ersten Ideen kritisch reflektiert, er formt das Talent, er sorgt für den nötigen Input an Stoffen und Methoden, für Antrieb, Widerstand, Unterstützung und Anerkennung. Alle Großen dieser Welt, vor allem diejenigen, die den Mut haben, mit alten Formen zu brechen und mit gänzlich neuen Versionen hervorzutreten, sind, während sie ihren scheinbar ganz und gar eigenen Weg gehen, angewiesen auf einen Resonanzboden, der ihnen ihr Werk kritisch oder anerkennend spiegelt, der sich erregen lässt und durch seine Reaktionen auf den Fortgang des Werkes Einfluss nimmt. Ein solcher Resonanzboden ist nicht einfach von selbst da, er muss kreiert und kultiviert werden – und er heißt dann Tradition, Lehre, Kanon, Grundlage, Konvention. Es muss Menschen geben, die all das organisieren und verwalten, die neue Kandidaten heranziehen und Unbefugte fernhalten. Frauen, die sich gerne in den Künsten bewährt hätten, besaßen dergleichen so gut wie nie: keine Corps mit dem dazugehörigen Geist, keine Clubs, keine Tradition, keinen Zusammenhalt, keine Lobbys, nichts. Außer in der Tanzkunst.

Hier erlebten Frauen erstmals, dass die Geschlechterspannung nur eine unter vielen Spannungen war, dass die Frauen in ihrem künstlerischen Milieu, ihrer weiblichen Subkultur etwas errangen, was sonst nur den Männern zustand: den gestalterischen Blick und Zugriff auf die ganze Welt anstatt bloß auf den für Frauen vorgesehenen Ausschnitt. Es ging bei den berühmten Lehrmeisterinnen, von Duncan über Wigman zu Graham, dabei manchmal auch arg esoterisch zu; man empfand sich als erlauchter Zirkel, aber das ist bei Männern genauso und tut der enorm inspirierenden und ermutigenden Kraft, die vom Corps ausgeht, keinen Abbruch. Alles in allem: Es konnten in der Tanzkunst endlich einmal *Frauen* sein, die eine Avantgarde bildeten, um diese Kunst zu erneuern, weil es hier ein weibliches »Hinterland«, einen »Resonanzboden«, einen »Corpsgeist« gab, der herausragenden Frauen die nötige soziale Bodenhaftung verschaffte, die jedes Genie braucht, um seine Entwürfe zu verwirklichen.

Wie Suzanne Lenglen zeigte auch **Gertrude Ederle** (1906–2003), eine Amerikanerin, unbedingten Siegeswillen: 1926 durchschwamm sie als erste Frau den Ärmelkanal zwischen Cap Gris-Nez und Dover und unterbot dabei die Bestzeiten ihrer männlichen Konkurrenten. Im Jahre 1965 wurde sie in die Ruhmeshalle des Internationalen Schwimmsports aufgenommen.

Der eiserne Vorhang zwischen Frau und Welt hatte sich weit genug gehoben, um Frauen einen Ausblick zu gestatten. Einige drängten hinaus. Auf die tänzerische Avantgarde folgten Frauen mit Spitzenleistungen in anderen Künsten, im Sport und in den Wissenschaften. Noch immer konnte von Gleichheit (der Chancen) zwischen den Geschlechtern keine Rede sein. Aber es gab inzwischen zu viele leistungsstarke Frauen, als dass die Rede von der Ausnahme noch glaubhaft wirken konnte. Männer und Frauen (einige unter ihnen) dachten um und dachten die Geschlechter als gleichbefähigt. Es sollte aber noch circa hundert Jahre dauern, bis dieser Gedanke Allgemeingut wurde.

Der Sport war Ende des 19. Jahrhunderts noch eine Männerdomäne. An den Olympischen Spielen, die in jener Zeit wiederentdeckt worden waren, durften Frauen – ganz wie in der Antike – nicht antreten, von Ausnahmen wie Eiskunstlauf abgesehen. Eine Sportart, in die Frauen relativ früh eindrangen, war Tennis. Und hier muss eine Spielerin erwähnt werden, die von ihren weltweiten Fans »die Göttliche« genannt wurde und die bis heute als eine der besten Spielerinnen aller Zeiten gilt: Suzanne Lenglen.

Die Französin kam 1899 in Compiègne zur Welt; sie war von zarter Gesundheit, und um diesem Manko zu begegnen, schickte der Vater sie zum Sport. Für Tennis erwies sich das Mädchen als begabt, und so sorgte die Familie für intensives Training. Schon die Fünfzehnjährige entschied in Saint-Claude ein internationales Meisterschaftsturnier für sich.

Suzanne Lenglen bei ihrem ersten Spiel in den USA gegen Miss Browne am 6. Oktober 1926

Es folgte eine Kette von Siegen, so in Wimbledon 1919, wo sie ihren ersten Grand-Slam-Titel errang. So bei den Olympischen Spielen 1920, wo sie zwei Goldmedaillen gewann – und wieder in Wimbledon, wo sie bis 1925 fast alle Titel holte. Doch Lenglen hatte die Welt nicht nur durch ihr anmutiges, kraftvolles Spiel verblüfft, sondern auch durch die Art, wie sie sich gab: Sie zeigte nackte Arme und Waden und verzichtete auf den Unterrock, das war skandalös zu jener Zeit. Ganz wie Duncans Barfuß-Tanz wirkte Lenglens Tennis-Dress als Körperpolitik im Sinne der Emanzipation. Die nackte weibliche Wade war nun da, und die Welt musste sich mit ihr auseinandersetzen.

Es wurde ihr erleichtert durch die Bewunderung für die außergewöhnliche Athletin, und irgendwann gehörte der kurze Rock einfach zum Tennis dazu, ganz wie das Haarband und die weißen Socken, die ebenfalls Lenglen »erfand« und ihrer Kleidung für den Court hinzufügte. Weit davon entfernt, den Tennisstar für die Freiheiten, die er sich nahm, zu schelten, begeisterte sich die Mehrheit der Fans für ihren Ausbruch aus der Verhüllung und arbeitete so einer großen Veränderung des weiblichen Erscheinungsbildes in der Öffentlichkeit zu. Aber Lenglen zeigte noch mehr: dass Reaktionsgeschwindigkeit, Kraft und Tempo weiblich sein können. Dass Ehrgeiz weiblich sein kann, ja sogar der Wille zum Sieg.

Warum fiel es den Männern so schwer, nach solchen eindrucksvollen Demonstrationen weiblicher Erfolge in Kunst und Sport geschlossen umzudenken und Frauen mit der Gleichheit der Fähigkeiten nun auch die Gleichheit der Chancen zuzugestehen? Fiele ihnen das leicht, hätten sie ja schon im Mittelalter, als große Königinnen, Äbtissinnen und Unternehmerinnen auf sich aufmerksam machten, umdenken müssen. Sie hielten – und halten im Grunde bis heute – an einem Weltbild fest, in dem Frauen nur vorkommen, wenn und wo Männer sie brauchen. Und in dem, wie bereits erwähnt, Männer ihr interessantes, herausforderndes, vom Wettbewerb bestimmtes Leben *mit anderen Männern* teilen. Es war für einen Mann so gut wie unmöglich, sich eine Frau als Konkurrentin um einen Posten, eine Medaille oder eine kämpferische Bewährung vorzustellen. Mit Männern wollte oder musste er in Konkurrenz treten – da gab es keinen Weg drum rum, und da winkten Lorbeeren oder auch ein geringer Platz in der Hierarchie, mit dem Männer bereit waren, sich abzufinden. Aber die Frau sollte eben nur da sein, wenn er Liebe brauchte, wenn er Sex brauchte, wenn er einen Pfannkuchen brauchte, wenn er ein Kind wollte. Und sonst nicht. Es ist der männliche Egoismus, der die Herrschaft der Männer über die Frauen stets gestützt hat und dem es spielend gelang, ein Heer von Theoretikern und Theologen abzustellen, die ein solches Weltbild der Geschlechterhierarchie als natürlich oder gottgewollt mehr oder weniger überzeugend begründeten. Wenn einzelne Frauen dieses Weltbild störten, schlossen die Männer einfach die Augen. Oder verwiesen auf Ausnahmen. Doch das wurde jetzt, zu Anfang des 20. Jahrhunderts, immer schwieriger.

Die offene Frage ist, warum die Frauen so lange mitgespielt haben. Hätten sie sich geweigert, diesem Bild zu genügen, oder die Männer einfach ausgelacht und sich ihrerseits die Erde unterworfen, hätten die Männer nicht viel dagegen tun können. Eine Erklärung der verbreiteten weiblichen Übereinstimmung mit der eigenen Unterdrückung verweist auf die Macht der Tradition und das mit Recht: Es war ja schon immer so, und es wird seine Richtigkeit haben. Mädchen werden in eine Gesellschaft hineingeboren, in der alle mitspielen, in der niemand den Frauen zutraut, innovative Kunst zu produzieren, schneller als ein Mann zu schwimmen oder eine Erfindung zu tätigen – und so werden die Einwände, die das Mädchen zu Anfang vielleicht noch hat, allmählich immer leiser. Und dann kommt noch etwas hinzu. Hausfrau zu sein, Gattin eines liebenden Mannes, Mutter reizender Kinder – das ist doch etwas Wunderschönes! Die armen Jünglinge müssen in den Krieg ziehen, die junge Frau darf Streuselkuchen backen und ihr Kind an die Brust legen. Wer wollte da sagen, sie habe nicht das bessere Teil erwählt ... So spielt das Herkommen mit der Verlockung zusammen, welche die Perspektive eines Lebens für die Liebe auf einen Großteil der Frauen ausübt – und schon bleibt das alte Weltbild im Wesentlichen intakt. Den Ausschlag aber dürfte hier wie so oft in der Geschichte die *Gewalt* gegeben haben. Die durchschnittlich stärkere Muskelbepackung der Männer ist eine harte Tatsache.

In einem ganz anderen Sinn sorgte eine Frau dafür, dass ein altes Weltbild unterging: Albert Einsteins Relativitätstheorie, die unsere lineare Zeit- und Raumvorstellung aufhob, war wesentlich von seiner Frau Mileva mit erarbeitet worden. Das hört sich, wenn man es einfach so behauptet, nach plumpem weiblichen Eigenlob an. Aber Einstein hat es selbst zugegeben: »Wie glücklich und

Mileva Einstein-Marić, die Ehefrau (1875–1948) des Naturwissenschaftlers, war eine Serbin und ganz wie ihr Mann hoch begabt in Physik, darüber hinaus auch in Mathematik, ein Fach, das Albert Einstein weniger interessierte. Sie studierte Physik in Zürich und gab, wie so viele befähigte Frauen, ihre Laufbahn für die Kinder auf. Wegen einer schwierigen Schwangerschaft konnte sie ihr Studium nicht abschließen; der jüngste Sohn erkrankte an Schizophrenie, was die Mutter einen hohen persönlichen Einsatz kostete.

stolz werde ich sein, wenn wir beide zusammen unsere Arbeit über die Relativitätstheorie siegreich zu Ende geführt haben.« Als Einstein den Nobelpreis für die Lichtquantenhypothese erhielt, war das Paar bereits geschieden. Der Preisträger überwies seiner Exfrau das Preisgeld. Es heißt, er habe damit einer Vereinbarung Folge geleistet, denn sie habe nur unter dieser Bedingung in die Scheidung eingewilligt. Es ist aber kaum vorstellbar, dass bei der Überlassung eines solchen Vermögens, wie die Nobeldotierung sie darstellt, nicht auch die Anerkennung für ihre Verdienste eine Rolle gespielt haben sollte.

Eine andere Wissenschaftlerin arbeitete ebenfalls an der Seite ihres Mannes, gewann mit ihm gemeinsam den Nobelpreis für Physik (1903), später aber eigenständig den Nobelpreis für Chemie (1911): Marie Curie, geboren 1867 als Maria Skłodowska in Warschau. Die Polin konnte in ihrer Heimat keine Hochschule besuchen, ging deshalb zum Studium der Physik nach Paris und führte mit ihrem Mann Pierre Curie, auch er Physiker, ein Leben im Labor. Ihre Arbeiten zur Radioaktivität sicherten ihr weltweite Aufmerksamkeit, ihre Entdeckung der Elemente Radium und Polonium – Letzteres wurde auf ihren Wunsch nach ihrer Heimat benannt – den Preis der Schwedischen Akademie. Marie Curie war eine Besessene; alles ordnete sie ihrer Forschungslust unter: die Heimat Polen, die sie schweren Herzens aufgab, Ansprüche an einen auch nur bescheidenen Komfort – die Studentin ließ ihre Mansarde ungeheizt und saß tagsüber bis tief in die Nacht in Bibliotheken, wo Licht und Wärme umsonst waren. Ihre Experimente stellte sie gemeinsam mit Ehemann Pierre in einem primitiven Schuppen an. Die materiellen Konsequenzen des Ruhms: Geld, Glanz, Verehrung, haben sie nie interessiert. Marie war aber ihren beiden Töchtern Irène und Ève eine liebevoll zugewandte Mutter. Die ältere Irène wurde ebenfalls Naturwissenschaftlerin und erhielt 1935 den Nobelpreis für Chemie.

Irène Joliot-Curie (1897–1956), die Tochter des Forscherpaares Pierre und Marie Curie, war als Antifaschistin politisch aktiv. In der Volksfrontregierung von Léon Blum 1936 bekleidete sie als eine der ersten Frauen ein politisches Amt – obschon damals die Französinnen noch nicht einmal das Wahlrecht besaßen. Und sie war wie ihre Eltern eine leidenschaftliche Forscherin. 1935 wurde sie für die Entdeckung künstlicher Radioaktivität mit dem Chemie-Nobelpreis ausgezeichnet. Irènes jüngere Schwester Ève (1904–2007, ja sie wurde 102 Jahre alt) schrieb eine bis heute aufgelegte Biographie ihrer Mutter Marie.

Auch Deutschland hatte zu jener Zeit seine große Physikerin: Lise Meitner, geboren 1878 in Wien, verbrachte ihre wichtigsten Forschungsjahre in Berlin. Gemeinsam mit Otto Hahn machte sie die epochale Entdeckung der Kernspaltung – die Ehrung dafür in Form des Nobelpreises nahm allerdings nur Hahn entgegen. Die Jüdin Meitner hatte emigrieren müssen; neidlos, aber schweren Herzens nahm sie hin, dass die Kollegen ohne sie weitermachten. Wie viele geniale Frauen stand sie der Frauenrechtlerei eher fern und sah sich selbst und ihre Stellung in der Scientific Community als Ausnahme. Aber spätestens im Exil begriff Meitner, »wie irrtümlich diese meine Auffassung war und wie viel Dank jede in einem geistigen Gebiet tätige Frau den Frauen schuldig ist, die um die Gleichberechtigung kämpfen.«

Bertha von Suttner, Tochter (1843–1914) eines verarmten böhmischen Adelsgeschlechts, musste als Gouvernante Geld verdienen, schrieb sodann Romane und entdeckte ihr Lebensthema: den Kampf gegen den Militarismus. Ihr Buch *Die Waffen nieder!* von 1889 stieß auf ein überwältigendes Echo und wurde in viele Sprachen übersetzt. Zeitweilig arbeitete die Pazifistin in Paris für Alfred Nobel, der sie prompt heiraten wollte. Sie hatte aber einen anderen. 1891 gründete sie die Österreichische Gesellschaft der Friedensfreunde, deren Vorsitzende sie bis zu ihrem Tode blieb.

Marie Curie und Lise Meitner besaßen keine Truppe, als sie mit ihrer Arbeit begannen, auch kein Corps, sie mussten alles aus sich selbst schöpfen. Ihre Leistungen – Curie schloss an der Sorbonne das Studium der Physik als Jahrgangsbeste, das Studium der Mathematik als Zweitbeste ab; Meitner überzeugte Max Planck derart, dass er sie zum ersten weiblichen Uniassistenten Preußens machte – ebneten ihnen den Weg und verschafften ihnen Respekt. Aber Mitstreiterinnen hatten sie kaum, nur einen gewissen Rückhalt an ihren Familien. Als Forscherinnen waren Curie und Meitner einsame Kämpferinnen, die siegen konnten, weil sich in den 1890er Jahren die ersten Hochschulen für Frauen öffneten. Bei Curie spielte die Unterstützung durch den Ehemann, der von derselben Forscherleidenschaft durchdrungen war wie sie (einen anderen hätte sie wohl kaum genommen), für ihren Erfolg sicher eine Rolle. Alles in allem aber gehörten beide großen Physikerinnen noch in die Kategorie »Ausnahme-Frau«. Sie gingen so sehr auf in ihrer Arbeit, dass sie kaum dazu kamen, ihren Status als Frau in der Wissenschaft zu reflektieren, Meitner tat es spät immerhin doch. Die Männer, selbst der Laudator des ersten Nobelpreises für Curie, den diese gemeinsam mit ihrem Mann Pierre und dem Entdecker der Radioaktivität, Henri Becquerel, erhielt, behandelten die Physikerinnen noch mit der zeittypischen Herablassung. Curie und Meitner ihrerseits beeindruckten die Mitwelt nicht nur durch ihr Genie, sondern auch durch ihre Unbeirrbarkeit. Curie ist bis heute die einzige Frau, die zwei Nobelpreise in zwei unterschiedlichen Disziplinen (Physik und Chemie) erhielt.

Jene Jahre des Aufbruchs der europäischen Kultur in die Moderne waren eine Zeit der »ersten Frauen«. Eine »erste Frau« wurde Universitätsassistentin, die »erste Frau« durchschwamm den Ärmelkanal, die »erste Frau« gewann den Nobelpreis für Literatur – das war Selma Lagerlöf. Und die erste Frau, die den Friedensnobelpreis bekam, war die Pazifistin Bertha von Suttner, die übrigens einst von Alfred Nobel persönlich umworben worden war. Die erste deutsche Professorin war Margarethe von Wrangell an der Landwirtschaftlichen Hochschule in Hohenheim. Als erste Botschafterin der Welt ging Alexandra Kollontai nach Norwegen. Und Gertrud Bäumer wurde als erste Frau Ministerialrätin in Deutschland. »Erste Frau« hieß: Da hat eine Frau ihren Fuß in die Tür zur Männerwelt gestellt. Es hieß zugleich: Es wird eine zweite Frau geben, eine dritte, es wird viele Frauen geben. Die Epoche der »ersten Frauen« war eine Drohung und ein Versprechen. Die Drohung wurde wahr gemacht, das Versprechen gehalten. Dennoch verwirklichte sich die Emanzipation nur in Etappen, und immer wieder gab es Rückschritte. Der Gesamtverlauf gleicht nicht einem Vektor, sondern einer Spirale. Zwei Schritte voran, ein Schritt zurück, ein Schritt voran, zwei Schritte zurück, drei Schritte voran ... Es war ein Tanz mit Pausen, Sprüngen

Mme. Decourcelle, die erste Taxifahrerin von Paris, um 1900

und Wechselschritten, aber aus der Distanz ist zu sehen, dass es langsam vorwärtsging.

Die wichtigste Voraussetzung war das Recht auf Bildung – weniger von einsichtigen Männern gewährt, als von rebellischen Frauen erkämpft. Erst als die Mittel- und Oberstufenschülerin, die Auszubildende im Lette-Verein oder an der Sozialen Frauenschule, die Besucherin des Kindergartenseminars und schließlich die Studentin an der Uni von der mit Verwunderung oder Spott bedachten Ausnahme zur normalen Erscheinung geworden war, erst als Frauen in ihren Ausbildungsinstituten genug andere Frauen vorfanden, um sich nicht mehr als Abweichung von der Männer-Norm zu empfinden, sondern zu wissen: Ich bin hier als Frau am richtigen Platz, erst dann konnte auch die durchschnittlich Begabte, die nicht das Zeug zur »ersten Frau« und zur Ausnahme hatte, etwas erreichen und sich im Besitz ihres Wissens und ihrer Berufsaussichten stark fühlen. Allmählich war auch außerhalb der Kunstszene eine Art Corpsgeist entstanden, bildeten Truppe, Corps und Compagnie für alle Frauen einen Schutzraum, in dessen Sicherheit sich Talente entfalten, Ehrgeiz entwickeln und Energie steigern konnten. Erst die Koedukation, die noch auf sich warten lässt, wird diesen Schutzraum überflüssig machen. Die gemeinsame Erziehung von Jungen und Mädchen wird eine wichtige Markierung im Prozess der Emanzipation bedeuten. Sie steht dafür, dass es mit der Segregation der Geschlechter entlang der Innen- und Außen-Aufteilung der Welt zu Ende geht und es keine geschlechtsspezifischen Ausnahmen mehr gibt, weil die Regel die Geschlechter mischt. Bis es im Berufsleben – horizontal in den verschiedenen Sparten und vertikal in den Hierarchien – so weit kommt, muss noch viel Zeit vergehen. Einstweilen haben die Frauen mehr als einen Fuß in der Tür. Sie sind mit ihrem ganzen Körper in den Erfahrungsraum der außerhäuslichen Bewährung eingetreten.

Mit Bubikopf und Zigarette

Die Goldenen Zwanziger als Dekade der Emanzipation

Während Kriegszeiten das ideologische Gezeter zwischen den Geschlechtern zum Schweigen bringen, schließen sie die Kluft auch praktisch. Die Männer ziehen ins Feld, und die Frauen übernehmen deren Funktionen. Nach dem Friedensschluss soll dann alles so werden wie zuvor, aber es kommt anders. Auch wenn die Frauen sich wieder folgsam ins Haus trollen, bleibt doch bei beiden Geschlechtern die Erinnerung daran, dass Mädchen und Mütter in Rüstungsfabriken Präzisionsarbeit geleistet und bei der Führung des Familienbetriebs Weitblick bewiesen haben. So lassen Nachkriegszeiten ein Mehr an Freiheit für Frauen möglich erscheinen. Es liegt an ihnen, ob sie sich dieses Mehr – mit einer gewissen Zeitverzögerung meist – nehmen und es für sich ausbauen.

Werbung aus dem Katalog des KaDeWe, um 1925

Die Amerikanerinnen zehren noch lange von dem Ansehen, dass sie durch Mut und Arbeit während des Bürgerkriegs erworben haben. Beim Arbeitsministerium wird eine Frauenabteilung eingerichtet, das Wahlrecht für Frauen wird 1920 eingeführt, die ersten weiblichen Abgeordneten heißen Jeanette Rankin und Alice Robertson. Die Krankenschwester Margaret Sanger gründet mit ihrer Schwester Ethel Byrne die erste Klinik für Geburtenkontrolle. Sie gibt eine Zeitschrift heraus und streitet unermüdlich, unterbrochen von mehrfachen

Verhaftungen, für legale Familienplanung. In England eröffnet Marie Stopes eine ähnliche Klinik – der Zulauf ist stark. Die Körperpolitik der Frauen tritt allmählich vom Rand ins Zentrum des Emanzipationskampfes.

In den USA und im alten Europa betreiben Frauen der Mittelschicht, meist junge unkonventionelle Rebellinnen, eine Körperpolitik auf der symbolischen Ebene. Genau wie die Tennisspielerin Suzanne Lenglen verbannen sie den langen Rock und die hochgeschlossene Bluse mit den Spitzenvolants, das Korsett sowieso, aus Kleiderschrank und Straßenbild und zeigen Bein, Schulter und Arm. Sie fahren Fahrrad und tragen dabei Hosen. Sie geben sich burschikos, aggressiv, sportlich. Das Rauchen in der Öffentlichkeit ist schon bald kein Thema mehr; so oft sieht man Mädels auf den Straßen von Berlin und Paris mit Zigarettenspitzen. Auch die Haarprachten der Gründerzeit fallen. Das Zwanziger-Jahre-Mädchen trägt Bubikopf oder Pagenschnitt. Diese neue Mode ist nicht nur eine Laune der Nachkriegsgesellschaft, sie zitiert Männlichkeit im weiblichen Outfit, sie teilt mit: Frauen sind fähig, im zivilen Leben all das zu leisten, was Männer leisten. Sie haben es während des Krieges bewiesen. Das patriarchalische Frauenbild war nicht nur eine Verengung, es war eine Lüge.

Sylvia Beach (1887–1962), die Tochter eines presbyterianischen Pfarrers, kam schon in jungen Jahren mit ihrer Familie aus Amerika nach Paris. Hier blieb sie – hier fand sie ihre Lebensgefährtin Adrienne Monnier. Beide lebten mit und für Literatur und Kunst – und so war es folgerichtig, dass sie Buchläden betrieben. Bei Shakespeare & Company nahe der Seine, gegenüber von Notre-Dame, gingen viele berühmte Literaten und Künstler der Zwischenkriegszeit ein und aus. Der heutige Laden mit dem alten Namen heißt nur noch zu Ehren der Damen so; der Betreiber hat nichts weiter mit Beach zu tun.

Paris muss einer Amerikanerin das Verdienst zuerkennen, in den 1920er Jahren eine weiblich dominierte intellektuelle Kultur begründet zu haben. Die Pastorentochter Sylvia Beach eröffnet 1919 die englische Buchhandlung Shakespeare & Company und verlegt sie 1921 in die Rue de l'Odéon, gegenüber von Notre-Dame. Sylvias Lebensgefährtin Adrienne Monnier führt gleich nebenan eine französische Buchhandlung. Diese Läden ziehen mit ihrer Aura von Geist und Aufbruch die größten Talente der internationalen Literatur an. Hemingway kommt, T.S. Eliot, Gertrude Stein. James Joyce findet hier endlich offene Ohren für seinen *Ulysses*, den Sylvia Beach verlegt. Es gibt Lesungen, Ausstellungen und Konzerte, die Avantgarde wallfahrtet zu Shakespeare & Company, und das Paar Beach/Monnier bewirtet sie mit Tee und Tipps, denn hier weiß man, wer bald berühmt sein wird. Hochinteressante Frauen gehören zu den Kundinnen und Freundinnen von Beach und Monnier, viele von ihnen kommen aus Amerika: so Djuna Barnes, Schriftstellerin, Natalie Clifford Barney, einflussreiche Salonière und Autorin, Romaine Brooks, Malerin, Janet Flanner, Journalistin, Thelma Wood, Bildhauerin, Mina Loy, englische Dichterin, und später lässt sich die inzwischen zur Amerikanerin gewordene Historikerin Marguerite Yourcenar, die ihre Jugend in Paris verbracht hat, erneut in den einschlägigen Zirkeln blicken.

Mlle. Billot, die erste Siegerin im Straßenrennen Paris-Bellevue. Foto um 1920

Fast alle diese Frauen waren in ihren Künsten erfolgreich, sie waren geistvoll, unkonventionell und zeitweilig Stadtgespräch. Manche waren schön, andere exzentrisch. Fast alle liebten Frauen. Man nannte sie die »Women of the Left Bank«, die Frauen vom linken Seine-Ufer. Die französische Bourgeoisie tat manches, um ihre Töchter vom Einfluss dieser gefährlichen Amazonen fernzuhalten – das wurde ihr dadurch erleichtert, dass die Gäste in den Salons der Natalie Clifford Barney und der Gertrude Stein ein erlesenes Künstlervölkchen bildeten, das gerne unter sich blieb. Aber die Buchhandlungen von Beach und Monnier waren öffentliche Orte, die Werke der Avantgardistinnen und der Künstler, die von ihnen gefördert wurden – Stein brachte Picasso groß heraus – waren wichtige öffentliche Sujets. So diffundierte das Klima von Freiheit und Individualismus, das diese »Left Bank«-Amerikanerinnen mitgebracht hatten, in die Atmosphäre der Metropole und verwandelte stiekum das Frauenbild. Französische, deutsche, britische Frauen wollten den Wandel mit vollziehen und gingen nach Paris, um dabei zu sein. Gertrude Stein hat auf die Frage, warum sie so gern unter Franzosen lebe, geantwortet: »Der Grund ist einfach der, dass sie ihr eigenes Leben leben und sie auch dir dein eigenes Leben lassen.« Die amerikanische Schriftstellerin Katherine Anne Porter schrieb über die Frauen des linken Seine-Ufer: »... die in der Öffentlichkeit und durch die Öffentlichkeit lebten und die die Rollen, die sie selbst angenommen und selbst geschaffen hatten, mit solch sagenhafter Freiheit spielten, wie sie sonst nur wenigen Königinnen des frühen Mittelalters vorbehalten gewesen war.«

Auch im Berlin der 1920er Jahre wurde die Freiheit von den Frauen gekapert – keine wartete darauf, dass sie ihr gewährt würde. Eines der legendären Zentren war das Romanische Café in der (nachmaligen) Budapester Straße. Hier trafen sich die Bohème, die Literatenszene, Theaterleute und junges Volk, das gern was werden wollte; auch Agenten kamen und guckten, wer da im Kommen war. Es dominierten die Männer. Aber die Frauen drängten nach vorn. Es soll sogar einen Tisch für die »Emanzipierten« gegeben haben. Die Dichterin Else Lasker-Schüler wohnte hier, wenn es auf den Parkbänken zu kalt wurde. Die Exzentrikerin trug Pluderhosen, phantastische Blusen und klirrende Bijouterie. Sie schrieb unsterbliche Verse, und das für die Emanzipation Bedeutsame daran war nicht allein, dass sie in Lebensstil und Erscheinung von der Norm abwich, sondern dass die Berliner, allen voran die Besucher des Romanischen Cafés, diese Abweichung genauso schätzten wie das lyrische Werk der Dichterin.

Else Lasker-Schüler, die Dichterin aus Wuppertal (1869–1945), besaß ein großes poetisches Talent. Das bezog sie auch auf ihr Leben – sie erfand sich immer wieder neu, änderte ihr Alter und ihren Namen, trug Phantasiekostüme und Glasschmuck. Ihre Lyrik ist schwärmerisch und leidenschaftlich, dabei immer formbewusst. Lasker-Schüler war zwischenzeitlich bitterarm. Als Jüdin musste sie nach der Machtergreifung der Nazis emigrieren. Sie reiste zwischen Zürich und Palästina hin und her, starb einsam in Jerusalem.

Sie war nicht die einzige, die die Sitten veränderte und damit, weil es zur rechten Zeit geschah, durchdrang. Auch Tänzerinnen, die vor der Jahrhundertwende zu den »ersten Frauen« gezählt hatten, indem sie durch den befreiten Körper vorführten, dass es vorbei sei mit der Gefangenschaft der Frauen in Haus und Korsett, feierten im Berlin der 1920er Jahre das neue Lebensgefühl – im Romanischen Café ebenso wie in privaten Clubs und auf öffentlichen Bühnen. Die radikalste hieß Anita Berber, die einflussreichste Valeska Gert – beide traten in ihren Anfängen sogar einmal zusammen auf. Sie unterschieden sich allerdings stark. Anita tanzte nackt, Valeska grotesk. In Berbers Freiheitsverlangen mischte sich Selbstzerstörung. Sie starb früh, zermürbt vom Rauschgift. Die Jüdin Gert emigrierte, kehrte zurück, wurde alt – und beeinflusste alles, was seit Beginn des Jahrhunderts »Ausdruckstanz« hieß. Ihre Experimentierlust war enorm, ihre Furcht vor Hässlichkeit gleich null. Ihre Zeit hat sie geschmäht und missverstanden, aber auch – zum Beispiel Bert Brecht – verehrt. Manche befanden, sie sei ihrer Zeit voraus. Sie und die anderen großen Berliner Zeitgenossinnen – die Kabarettistin Claire Waldoff, die Journalistin Helen Hessel, die Schauspielerin Marlene Dietrich – überzeugten durch ihren Eigenwillen, durch ihre Persönlichkeit. Das bedeutet zugleich, dass sie Klischees zerbrachen und herkömmliche Frauenbilder (oft indirekt und unwissentlich, dafür umso wirkungsvoller) der Lächerlichkeit preisgaben.

Die Offizierstochter **Marlene Dietrich** (1901–1992) war wohl einer der größten deutschen Filmstars überhaupt – wobei auch die Amerikaner Anspruch auf sie erheben dürfen, denn sie ging 1930 mit ihrem Regisseur Josef von Sternberg in die USA und kehrte nicht zurück. Stattdessen legte sie in ihrer neuen Heimat eine beispiellose Karriere hin. Erst 1960 stattete sie auf einer ihrer Gesangstourneen auch Berlin einen Besuch ab. Man feierte sie begeistert, aber es gab auch Stimmen, die ihr die Emigration vorwarfen.

Zum herkömmlichen Frauenbild gehörte auch die erotische Frau. Die männliche Projektion musste der Frau diesen Trumpf lassen: dass sie eine Verlockung sei und so auch in diesem einen Feld potentielle Herrin. Die Barsängerin Lola Lola im *Blauen Engel*, Marlene Dietrichs Paraderolle, war so ein Typus: schön, verrucht, aber doch sympathisch. Die Geschichte des Films folgte der Geschichte *im* Film: Der lächerlich verliebte Mann unterliegt, die Frau in ihrer strahlenden weiblichen Potenz macht ihn einfach fertig. So war es auch mit Dietrich und ihrem Filmpartner Emil Jannings. Sie war noch unbekannt, er ein versierter Publikumsliebling, alles sprach dafür, dass er den Film tragen würde. Es kam anders. Marlene wurde ein Star, die Welt lag ihr zu Füßen. Jannings tat dem Publikum höchstens leid. Diese Art Frauenpower war neu. Sicher, die Lola Lola aus dem Film ist nur eine von vielen verführerischen Huren mit Ego, die die moderne Literatur- und Filmgeschichte kennt. Aber anders als ihre Vorgängerinnen Carmen und Lulu wird Lola für ihre erotische Ausstrahlung nicht mit dem Tode bestraft. Es ist der Mann, Professor »Unrat«, der am Schluss sein Leben verliert – aus Schwäche oder Gram, weil seine Liebe unerwidert bleibt. Die Frau singt fröhlich weiter.

Diese Botschaft hat dem Film wahrscheinlich seinen gewaltigen Erfolg beschert. Weder Marlene Dietrich, noch Valeska Gert oder Else Lasker-Schüler hätten sich als Feministinnen bezeichnet. Aber durch ihren Stil, ihren Wagemut und ihre Kunst standen sie dafür, dass Frauen ihren Eigenwillen nicht mehr verleugneten, sondern auf ihm ihre Karrieren aufbauten. Dass viele unter ihnen – so Claire Waldoff, Anita Berber, Marlene Dietrich und die Frauen vom linken Seine-Ufer – lesbisch, bisexuell oder doch bereit waren, ihr Spiel mit den Geschlechterrollen zu treiben, ist kein Zufall. Ihre Ablehnung männlicher Normen ging manchmal bis tief in die Triebstruktur. Andererseits wollten sie – an Gesten, Posen, Attitüden – vieles von dem ausprobieren, was die Männer für sich reserviert hatten. Das begann mit dem Tragen von Hosen, mit dem Rauchen im Café und endete mit dem Reiz, der darin liegt, ein Mädchen zu küssen.

Nun haben die Poesie dieser »freien Frauen«, ihre Lieder und ihre Tänze einen alltagshistorischen Hintergrund, der kurz angestrahlt werden muss, damit alles verständlich wird. In Deutschland, besonders in Berlin, erzeugten die Turbulenzen der Weimarer Republik, die Inflation und der immer wieder aus der Latenz hervorbrechende Bürgerkrieg eine Stimmung, die mit »Tanz auf dem Vulkan« nicht schlecht umschrieben ist. Der künstlerische Aufbruch der Neuen Sachlichkeit, des Expressionismus, des Futurismus und des neuen Mediums Film waren echt und lebensvoll, die Produktionsbedingungen aber immer nur kurzfristig gesichert, sodass die Kreativität der Macher und Akteurinnen von einer starken inneren Unruhe begleitet war. Das »Gold« der 20er Jahre war Katzengold, alle wussten es und glaubten trotzdem an den Genius ihrer Epoche – und an den eigenen. Dieser Dauer-Ausnahmezustand erlaubte es den liberalen Milieus, die Frau gleichsam von der Leine zu lassen; sollte sie nur herumtoben

In der Literatur hatte man irgendwann genug von den eruptiven Übertreibungen des Expressionismus und wünschte sich Nüchternheit – so entstand die **Neue Sachlichkeit**, die gern dokumentarische Mittel einsetzte, hierin beeinflusst von der Fotografie. In der Architektur steht das Bauhaus für diese neue Schlichtheit und Funktionalität (»form follows function«).

und Mädchen küssen – das alles gehörte dazu. Versteht sich, dass andere Milieus anders dachten. Aber selbst die Spießer schluckten ihren Widerwillen runter, weil auch sie ein wenig angesteckt waren von der fiebrigen Innovationslust der Ära.

Für das restliche Europa und für Amerika, aber auch für Deutschland galt zudem, dass eine ganze Vielfalt neuer Techniken das Leben in einer Weise veränderte, die dem traditionellen Hausfrauenberuf seine Schwere nahm. Das elektrische Licht machte die Petroleumwirtschaft mit ihrer Brandgefahr überflüssig, der Siegeszug der Kanalisation, des fließenden Wassers und des WC löste das Problem der Sauberkeit. Zeitgleich hatte sich die medizinische Versorgung enorm verbessert, Verhütungsmittel wurden zugänglich, Verhütungswissen verbreitete sich – mit dem Effekt, dass die Kinderzahl sank, um nie wieder auf den Vorkriegsstand anzusteigen. Deutlicher hätten die Frauen in Stadt und Land nicht zeigen können, dass die üblichen vier bis neun Kinder, von denen dann drei bis sieben aufwuchsen, ihnen immer schon eigentlich zu viel gewesen waren. Große Familien gab es zwar noch, aber es genügten dafür weniger Geburten, weil die Kindersterblichkeit drastisch sank. Auch der Tod einer Mutter im Kindbett wurde dank der modernen Hygiene zum eher seltenen Fall.

Und noch ein Geschenk machte die Moderne den Frauen: das Auto! Klar, man musste ein wenig Geld haben, um eins zu kaufen und zu unterhalten, aber die Frauen des Mittelstandes wussten Prioritäten zu setzen, verzichteten auf den Nerz und machten stattdessen den Führerschein. Isadora Duncan liebte schöne Sportwagen, sie starb in einem offenen Amilcar. Gertrude Stein und ihre Lebensgefährtin Alice B. Toklas karriolten im eigenen Wagen herum, Helen Hessel übertrat ständig die Höchstgeschwindigkeitsgrenze, und die Thomas-Mann-Tochter Erika fuhr sogar eine Rallye: in zehn Tagen durch Europa. Die prominenten Frauenrechtlerinnen und Pazifistinnen Anita Augspurg und Lida Gustava Heymann machten als alte Damen den Führerschein und sodann die Straßen ihrer Stadt München unsicher. Gleich zu Beginn waren Frauen vom Motorsport begeistert. Der Spruch, dass Frauen und Technik nicht zusammengingen, erwies sich somit als komplett falsch.

Dafür spricht auch die Affinität der Frauen zu einer gänzlich neuen, technisch vermittelten Kunst: der Fotografie. Zu den namhaften Beherrschern dieser künstlerischen Technik gehörten von Anfang an Frauen. In einer weiteren Metropole der schönen Künste, in Wien, erlangte Dora Kallmus, die sich Madame d'Ora nannte, die höheren Weihen als ingeniöse Fotografin, die sich ihre Kunden aussuchen konnte. Dabei hatte sie in der Ausbildung noch ihre Schwierigkeiten. Eine regelrechte Lehre mochte man ihr nicht zumuten, sie sollte es mit der Theorie gut sein lassen. »Man fand es genügend, mir als allererster Frau Zutritt zu den Vorträgen gestattet zu haben und hielt die chemischen Reagenzien von mir fern, als wären sie unanständige Witze.« Später ließen sich in ihrem Wiener Atelier Karl Kraus, Arthur Schnitzler und Gustav Klimt fotografieren. Die Theater- und Tanzbühnen der 20er Jahre kamen ohne sie nicht aus. Man nannte sie die »Suffragette der Fotografie«, sie bannte die großen Tanzkünstlerinnen der Epoche auf die Platte, so auch Anita Berber. Ein erfolgreiches Buch mit Fotos der d'Ora hieß nach Berbers berühmtestem Programm: *Tänze des Lasters, des Grauens und der Ekstase.* 1925 ging d'Ora nach Paris und startete in der Stadt der Frauen eine zweite Karriere.

Eine andere prominente Fotografin aus dem Wien jener Zeit heißt Trude Fleischmann. Ihr Beitrag zur Befreiung des Bildhintergrunds von Kitsch und Nippes und zur Rückeroberung des freien Himmels als Lichtquelle ist bedeutend. Wegen ihrer Aktaufnahmen wird sie von der Staatsanwaltschaft verfolgt und von der künstlerischen Bohème geliebt. Die angesehene jüdische Fotografin muss 1938 emigrieren; es gelingt ihr, wie auch d'Ora, eine zweite Karriere. Ab 1940 erobert Fleischmann New York.

Diese Frauen aus liberalen Milieus, die lesbischen Liebhaberinnen der Stadt Paris, die inspirierten Literatinnen, bildenden Künstlerinnen, Journalistinnen und Fotografinnen, aber auch politische Frauen wie Lida Heymann und Anita Augspurg, schafften sich durch ihre sexuelle Orientierung auch ein Problem vom Hals, dessen Bedeutung für die fortdauernde existentielle Abhängigkeit von Frauen inzwischen erkannt worden ist: ungewollte Schwangerschaft, unerwünschte Mutterschaft,

Abtreibung mit Verletzung oder gar Tod bei der Prozedur. Als politisch denkende Menschen sahen lesbische Rebellinnen auch von ihrer eigenen Lebensführung ab und beteiligten sich an der nunmehr endlich aufflammenden Debatte über Empfängnisverhütung und Abtreibung.

Die Männer waren in dieser Frage gespalten. Seit Frauenbildung fast obligatorisch und die berufstätige Frau akzeptiert war, gefiel ihnen der Gedanke, Frauen durch möglichst viele Kinder nun doch wieder ans Haus zu binden. Ihre eigene Freiheit wiederum konnte durch allzu viele Geburten oder durch ein »falsches« Kind, durch einen illegitimen Spross, eingeschränkt werden. So wussten sie nicht recht, was sie zu der großen Streitfrage sagen sollten – und delegierten sie an die Kirchen, die in ihrer katholischen Ausprägung ein kraftvolles Veto einlegten, in ihrer protestantischen zumindest gesprächsbereit waren, und an den Staat. Der erklärte die Verhütung für illegal und verschärfte die Strafen für Abtreibung – so in Frankreich, wo man die gefallenen Soldaten durch Neugeburten ersetzen wollte und 1920 die »Medaille der französischen Familie« für kinderreiche Paare auslobte. In Deutschland wurde der Paragraph 218, der 1871 ins Strafgesetzbuch aufgenommen worden war und Zuchthaus für Abtreibende (betroffene Frauen und Ärzte) vorsah, 1926 novelliert; statt mit Zuchthaus wurde die Sünderin jetzt »nur« mit Gefängnis (bis zu fünf Jahren) bestraft. Der Staat antwortete auf die Körperpolitik der Frauen scheinbar mit minimalen Zugeständnissen, im Grunde aber mit den alten Restriktionen. Die immer noch starke religiöse Bindung der Untertanen, besonders der Frauen, hat vor hundert Jahren dafür gesorgt, dass die staats- und kirchenpolitischen Vorwände – ein Kind ist von Gott, das Leben ist

Plakat von 1924

Paragraph 218 des Strafgesetzbuches stellt den Schwangerschaftsabbruch unter Strafe. Er wurde im Laufe der Zeit immer wieder novelliert. Ende des 19. Jahrhunderts drohte noch Zuchthaus, später Gefängnis, heute klingt der Paragraph in der Bundesrepublik so: »Wer eine Schwangerschaft abbricht, wird mit Freiheitsstrafe bis zu drei Jahren oder mit Geldstrafe bestraft.« Es gibt allerdings genug Ausnahmeregelungen (psychische Notlage und dergleichen), um eine Bestrafung wegen Abtreibung zu einem seltenen Fall zu machen.

heilig – geglaubt wurden und die katholische Arbeiterin, die sieben Kinder hatte, mit schlechtem Gewissen verhütete. Erst mit dem Aufbruch der Neuen Frauenbewegung Anfang der 1970er Jahre wurde endlich ohne Wenn und Aber klar und laut ausgesprochen, dass der Gebärzwang eine Variante der Machtpolitik des Patriarchats gewesen und geblieben war und nichts anderes. Der Kampf ist immer noch nicht gewonnen.

Die sozialistischen Parteien und ihre weiblichen Abgeordneten konnten den Frauen keine befreiende Perspektive anbieten. Zwar hatte Sowjetrussland in der ersten Begeisterung der siegreichen bolschewistischen Revolution die Abtreibung straffrei gestellt – diese Errungenschaft aber bald wieder kassiert. Der westliche Sozialismus kam von seiner Hierarchie der Widersprüche nicht los. Frauenpolitik galt als nebensächlich, die Querelen der Weiber würden nach der Revolution ganz von selbst gegenstandslos werden – warum sich heute damit abplagen. Die Sozialistin Marie Juchacz sprach 1919 so im Deutschen Reichstag: »Ich möchte sagen, dass die ›Frauenfrage‹ in Deutschland nicht mehr im alten Sinne des Wortes existiert; sie ist gelöst. Nun haben wir es nicht mehr nötig, für unsere Rechte auf die Straße zu gehen ...«

Der Überschwang der Freude über das endlich gewährte Wahlrecht mag es verständlich erscheinen lassen, dass die Abgeordnete einem solchen Irrtum erlag. Während der 20er Jahre wurde es dann allzu deutlich: Die parlamentarische Politik verkürzte und verschob Frauenanliegen genauso wie zuvor das Kaiserreich; die Mehrheiten im Reichstag waren männlich und so in Frauenfragen konservativ. Im übrigen Europa sah es ähnlich aus. Doch die Probleme rund um die unerwünschte Schwangerschaft verschwanden nicht von selbst. Es blieb der außerparlamentarischen Frauenbewegung, auch einzelnen aufbegehrenden Frauen vorbehalten, ihre Finger immer wieder in diese Wunde zu legen. So der Erfolgsschriftstellerin Vicki Baum, deren Verlag zögerte, den nachmaligen Bestseller *Stud. chem. Helene Willfüer* herauszubringen, weil er die Abtreibungsproblematik behandelte. So der Malerin Paula Modersohn-Becker, die den schwangeren Körper der Frau in all seiner Verletzlichkeit darstellte und damit den Mehrheitsgeschmack schockierte. So der Künstlerin Käthe Kollwitz, die sich nicht zu schade war, ein Plakat mit der Parole »Nieder mit dem Abtreibungsparagraphen« zu gestalten.

Die Frauenbewegung mit ihrem lebhaften Vereinswesen existierte trotz Wahlrechts fort; ja, sie sah jetzt erst, wie notwendig ihre Aktivitäten geblieben waren. Im Kontext der Sexualität ist vor allem ein Name zu nennen: Helene Stöcker. Diese Frau war maßgeblich an der Entwicklung dessen beteiligt, was als »Neue Ethik« bekannt wurde. 1908 nannte sie den schon älteren Bund für Mutterschutz, dessen Vorsitz sie innehatte, in Bund für Mutterschutz und Sexualreform um. »Es ist ein großes Ziel, was wir uns da stecken, eine neue Ethik schaffen helfen zu wollen – insbesondere auf sexuellem Gebiet – und wir wollen es mit all dem Ernst erstreben, den dieses kühne Unterfangen verdient.« Diesem äußerst fortschrittlichen Bund traten auch Männer bei, darunter Persönlichkeiten wie Sigmund Freud, Max Weber und Frank Wedekind, Autor der *Lulu*-Trilogie, einer seinerzeit skandalösen Sage von der Destruktionskraft des Sexus in seiner weiblichen Gestalt. Der Bund verlangte nichts weniger als das Selbstbestimmungsrecht der Frau über ihren Körper und ihre Sexualität. Er setzte sich für ledige Mütter und ihre Kinder ein und bemühte sich um nachhaltige Verbesserung von deren Lebenslage. Schon damals forderte dieser verdienstvolle Bund die Gleichstellung von ehelichen und nichtehelichen Kindern sowie eine flächendeckende Sexualreform. Er fegte die letzten Reste viktorianischer Sexualscheu und -verdrängung beiseite und warb obendrein für eine Gleichstellung von Mann und Frau im Scheidungsrecht. Dahinter grüßte immer noch die Idee von freier Liebe und Eheschließung aufgrund von wechselseitiger leidenschaftli-

Die ausgebildete Harfenistin **Vicki Baum** (1888–1960), die in berühmten Orchestern spielte, entschied sich dann doch für ihre andere große Begabung und schrieb erfolgreiche Romane. Als 1931 die Hollywoodverfilmung ihres größten Hits *Menschen im Hotel* anstand, reiste sie, um beim Drehbuch mitzuwirken, nach Amerika und blieb gleich dort – das war nur gut so, denn die Jüdin hätte bald in Deutschland weder arbeiten noch leben können. Baum war bei aller Liebe zur Literatur auch eine hart verhandelnde Geschäftsfrau, was ihrer Popularität indessen keinen Abbruch tat.

cher Liebe anstatt Versorgungsrücksichten, wie sie einst George Sand und Friedrich Schlegel formuliert hatten.

Es versteht sich, dass die Öffentlichkeit zu großen Anteilen entsetzt den Kopf schüttelte und insbesondere konfessionelle Frauenbünde in lautstarke Opposition gingen. »Unsittlichkeit« war es, was sie fürchteten und keinesfalls zu dulden beabsichtigten. Es gab aber auch andere Stimmen. So sympathisierte Lida Gustava Heymann von der Hamburger Sektion der Internationalen Abolitionistischen Föderation (Verein zur Abschaffung der Prostitution) mit etlichen Programmpunkten des Bundes. Auch die Frauenpolitikerinnen Anita Augspurg, Minna Cauer und Marie Stritt konnten sich der Sinnhaftigkeit der Neuen Ethik nicht verschließen. Im Kern bedeutete diese: Es gebe auch jenseits der Ehe schützenswerte Bindungen von Männern, Frauen und Kindern. Und: Reformen sollen ein besseres Leben hier und heute ermöglichen; der Verweis auf das Jenseits wird als Trost abgelehnt.

»Ein Mädchen, dass sich einem Mann in freier Liebe hingibt, steht moralisch weit über der Frau, die einen Mann, den sie nicht liebt, aus finanziellen Gründen oder um sich ein Heim zu schaffen, heiratet...« schrieb die siebzehnjährige Karen Horney, spätere Psychoanalytikerin. Das alte Thema: Konvenienzehe versus Liebesehe, war also noch längst nicht erschöpft, und es entblößte jetzt, im Zeitalter der Psychoanalyse, immer freimütiger seinen sexuellen Kern. Doch diese humane Vision, die erst knapp hundert Jahre später den Gesetzgeber beschäftigen sollte, wurde in den 1920er Jahren vom Thema Prostitution verdrängt. Die männliche Projektion, die den Frauen als Beschäftigung nur zubilligt, was ihnen, den Männern, an den Frauen gefällt, musste das »älteste Gewerbe der Welt« immer zugleich verteidigen und verdammen. Als Freier wollte der Mann auf seine käufliche Gefährtin nicht verzichten, als Ehemann musste er die Entrüstung seiner Gattin über den Missstand Bordell und Straßenstrich teilen. Wie die Männer mit diesem über Jahrhunderte aufrechterhaltenen Doublebind fertiggeworden sind, ist ihre Sache. Die Frauen im Zeitalter der sich formierenden Emanzipationsbewegung dachten über die Prostituierten als Geschlechtsgenossinnen nach.

Luxusbordell, Paris Ende des 19. Jahrhunderts

Wo kamen die eigentlich alle her? Das älteste Gewerbe muss ja wohl schon immer da gewesen sein; als sozialpolitisches Problem aber war es jung und hing mit der Industrialisierung zusammen. Die Flucht zahlloser entwurzelter Einzelner und mittelloser Familien in die Städte war ungeordnet genug vor sich gegangen, um viele Frauen ohne Einkünfte und Bindungen sozusagen am Straßenrand zurückzulassen, die sich dann nicht anders zu helfen wussten als durch den Verkauf sexueller Dienstleistungen. In den Metropolen des Westens stieg die Anzahl der Prostituierten von 1890 bis zum Ersten Weltkrieg auf das Zehnfache. Vielleicht sind diese Zahlen auch übertrieben, denn die Polizei, auf deren Befunde sie zurückgehen, war befugt, alle Frauen, die sie der Prostitution verdächtigte – und das konnten ganz allgemein Damen ohne Begleitung sein –, festzunehmen und einer Untersuchung zuzuführen. Diese Jagd auf Prostituierte trug hysterische Züge. Auch die Frauenverbände, soweit sie ihre Programmatik der »Sittlichkeitsbewegung« öffneten, waren nicht frei davon. Die Nachdenklichen unter den Angehörigen der Verbände aber nahmen das Thema und das Phänomen ernst und bemühten sich um tätige Abhilfe.

Es empörte sie, dass es da eine (fast) recht- und ehrlose, an den Rand der Gesellschaft gedrückte Gruppe ihres Geschlechtes gab, für die sich niemand einsetzte. Also setzten sie sich

Prostituierte in Paris, 1900

ein, die Emanzipierten. Das erste, was sie forderten, war, dass der Staat aufhöre, die Prostituierten wie Freiwild zu verfolgen und zu kontrollieren, unter dem Vorwand, der Verbreitung von Geschlechtskrankheiten entgegenzuwirken, und dabei die Freier und Zuhälter komplett außer Obligo zu belassen. Lange fochten die Frauen aus den Verbänden für eine Abschaffung der »reglementierten«, also staatlich kontrollierten Prostitution, bis sie endlich (in Deutschland) auf parlamentarischem Wege im Jahre 1927 die Straffreiheit der Prostitution und die geschlechtsneutrale Formulierung des Gesetzes zur Bekämpfung von sogenannten venerischen Krankheiten erreichten. Allerdings änderte sich in der Praxis nur wenig. Die Befugnisse der entmachteten Sittenpolizei gingen auf die Gesundheitsbehörden über, die ihrerseits mit der Polizei zusammenarbeiteten. Die Prostituierten blieben »Freiwild«.

»Es ist unsere Pflicht zu sprechen und für das arme Weib in der Straße einzutreten, die unschuldig geboren wurde wie wir, der dieselben Menschenrechte gebühren wie uns und die keine Stimme hat, sich zu verteidigen. Für die reiche, angesehene Frau heißt anständig sein, Stellung, Achtung, Ansehen, ihr Glück bewahren, für das arme Mädchen heißt es, durch Arbeit von früh bis spät mühsam ihr Brot erwerben, heißt es nur zu oft, Hunger, Kälte und Elend trotzen. Reicht ihre moralische Kraft nicht aus, nur ein kurzes Straucheln, nur ein unglücklicher Umstand, der dieses Straucheln verrät, und die Polizei hat das Recht, ihre Existenz zu vernichten.« So sprach auf einem polizeilich verbotenen und dennoch gehaltenen Vortrag Gertrude Guillaume-Schack.

Es war die Zeit der »Heime für gefallene Mädchen« und der Erziehungsanstalten für »gefährdete Kinder unsittlicher Eltern«. In den Künsten trat das Straßenmädchen aus dem Schatten unter das Scheinwerferlicht – wörtlich im Film (*Die freudlose Gasse* von Georg Wilhelm Pabst), drastisch im Roman (*Berlin Alexanderplatz* von Alfred Döblin) und grotesk in der Zeichenkunst (von George Grosz und Heinrich Zille) – um nur einige Beispiele zu nennen. Zwei Jahrzehnte zuvor, im alten Jahrhundert und zu Kaisers Zeiten, wäre das Thema Prostitution weder kunst- noch frauenpolitikfähig gewesen. Jetzt aber beschäftigte es die Gemüter, und zwar nicht nur, weil es immer mehr Frauen gab, die sich verkauften. Es wurde im Dreieck Zuhälter-Freier-Prostituierte eine Herrschaftsstruktur sichtbar, die zuvor durch die Randständigkeit und die Sprachlosigkeit der käuflichen Frauen verdeckt gewesen war, und die jetzt, wo Frauen es lernten zu reden und sich zu solidarisieren, Konturen annahm, in denen manche Aktivistinnen das Grundmuster patriarchalischer Unterdrückung erkannten.

Erstmals sahen die modernen Gesellschaften in der »Dirne« nicht nur die verkörperte Sittenlosigkeit, deren Existenz der Bürger vor Frau und Töchtern verleugnete, obgleich er ins Bordell ging, sondern einen *Menschen*, eine Frau, die einer umstrittenen Tätigkeit oblag, deren Moral aber durchaus sauber sein mochte im Vergleich zu der ihrer Freier. Man konnte es in den Scharnieren des öffentlichen Sittlichkeitsdiskurses knirschen hören, als die Welt unter Schmerzen umdachte und den Mädchen von der Straße nicht mehr ungeteilt Schuld und Fluch der »Unsittlichkeit«, des Lasters und der Sündhaftigkeit aufdrücken konnte. Für die Frauen, die mit Neuer Ethik versucht hatten, ein weibliches Liebesleben jenseits des Ehestandes vorzustellen, für die Künstlerinnen, Schriftstellerinnen, Lesbierinnen, die es als entehrend empfanden, in Abhängigkeit von einem Mann zu leben, für alle Anhängerinnen des George-Sandismus war das Nachdenken über die Lage der Prostituierten, über das Zeugnis, das diese Lage einer Gesellschaft ausstellte, unverzichtbar geworden. Die Hure war die Probe aufs Exempel. Dass sie zu einem Politikum werden konnte, zeigte, dass

Auch die Dichterin Mascha Kaléko (1907–1975), genannt die »Großstadtlerche«, saß im **Romanischen Café** in Berlin. Hier traf sie Erich Kästner, der sie schüchtern umwarb, zu den Stammgästen gehörten ferner George Grosz, Otto Dix, Bert Brecht, Alfred Döblin, Lasker-Schülers Geliebter Gottfried Benn und Irmgard Keun. Das Café war einer der Gründe, warum die Jüdin Kaléko nach 1933 mit der Emigration zögerte. Dabei war es nicht mal gemütlich. Aber es hatte Flair. Für die Nazis war es ein Hort undeutscher Umtriebe. Viele seiner Gäste standen auf ihren Verhaftungslisten.

die Frauenbewegung die patriarchalische Doppelmoral durchschaute und verurteilte. Dass es sie, die Hure, in so großer Zahl gab, dass sie von der bürgerlichen Mehrheit (Männern und Frauen) verachtet wurde und – außer in höheren Kreisen – ein elendes Leben führte, zeigte, wie viel für die Gleichstellung der Frauen und für die Moral des Geschlechterverhältnisses noch zu tun blieb.

Blitzmädel – Trümmerfrau – Schwarzwaldmädel

Frauen im Krieg, auf der Flucht und im Nachkrieg

Der Erstausgabetag dieser Briefmarke war der 12. Januar 1989

Die Verdienste einzelner Frauen für die Emanzipation ihres Geschlechts, seien es Politikerinnen, Schriftstellerinnen, Tänzerinnen oder Schulgründerinnen, sind schwer zu messen und zu vergleichen. Sicher aber ist, dass jene Frau, die 1908 ein Bildungsinstitut für weibliche Auszubildende, die Soziale Frauenschule, gründete, Alice Salomon, für unzählige Frauen, die dank ihr in sozialen Berufen tätig werden konnten, *und* für die Emanzipation ihres Geschlechts, das jetzt neue Wege sah, aus der erbärmlichen Abhängigkeit vom Mann herauszufinden, Großes geleistet hat. Eine Schule ihres Namens gibt es in Berlin immer noch (oder wieder), sie hat heute den Rang einer Fachhochschule für Sozialarbeit. Alice Salomon selbst wurde 1938 aus Deutschland rausgeworfen, überlebte immerhin, aber schlecht. Im New Yorker Exil gab es für sie kaum Arbeitsmöglichkeiten. Hin und wieder hielt sie einen bezahlten Vortrag, ihre Memoiren wollte zu ihren Lebzeiten niemand drucken. Sie starb arm und einsam, denn auch das postnazistische Deutschland zögerte lange, bevor es sich seinen Exilantinnen zuwandte.

Alice kam 1872 als Tochter einer wohlhabenden jüdischen Kaufmannsfamilie in Berlin zur Welt. Das wissbegierige Mädchen wollte gern mehr lernen als die Eltern vorsahen; die Fertigkeiten einer »Haustochter«, die Alice erwerben durfte, befriedigten ihren Ehrgeiz keineswegs. Ihre »Leidenszeit«, wie sie die Jahre ihrer Unterforderung nannte, fand ein Ende, als sie entdeckte, dass die »soziale Frage«, der Einsatz für die Armen und Unterprivilegierten in der Gesellschaft, ein Betätigungsfeld war, das Frauen offenstand. Salomon ging es gleich richtig an und verknüpfte praktisches Engagement mit Wissenschaft. Sie wurde Mitglied der »Mädchen- und Frauengruppen für soziale Hilfsarbeit«, später dann Vorsitzende dieses Vereins. Der Dachverband sämtlicher überkonfessioneller Frauenbünde, der Bund Deutscher Frauenvereine (BDF), fand sie ebenfalls in seinem Vorstand. Zu dieser Zeit führte Gertrud Bäumer den Vorsitz, Alice Salomon wurde ihre Stellvertreterin. Zugleich belagerte die wissenschaftlich interessierte Salomon die Universität. Sie wollte Ökonomie studieren, hatte aber kein Abitur machen können und durfte deshalb nur als Gasthörerin dabei sein. Ihre glänzende Arbeit über *Die Ursachen der ungleichen Entlohnung von Männer- und Frauenarbeit* wurde dann doch als Dissertation angenommen, Salomon 1908 zur Doktorin der Philosophie promoviert. Im selben Jahr gründete sie in Berlin die Soziale Frauenschule. Viele ähnliche Schulen entstanden im Reich und übernahmen die Berliner Lehrpläne. Es war eine Zeit großer Erfolge für Salomon.

Der **Bund Deutscher Frauenvereine** (BDF) wurde 1894 gegründet. Ein Jahr später repräsentierte er schon 65 Vereine, im Jahr 1913 waren es 2200 mit etwa 500 000 Mitgliedern. Anregung und Vorbild war der im Jahr 1893 in Chicago gegründete International Council of Women. Die erste Vorsitzende des BDF hieß Auguste Schmidt, später kamen andere bedeutende Frauenrechtlerinnen wie Helene Lange, Marie Stritt und Gertrud Bäumer in den Vorstand. Hauptarbeitsgebiete waren Rechtsfragen, Erziehung und Selbständigkeit sprich: Erwerbstätigkeit der Frau.

Dann kam der Erste Weltkrieg. Salomon geriet als Jüdin und Pazifistin ins Abseits. Gertrud Bäumer hatte ihr persönlich zugesichert, dass sie als ihre Nachfolgerin den BDF führen solle. Nach Kriegsende war davon keine Rede mehr. »Nun aber«, berichtet Salomon, »informierten mich meine Kolleginnen darüber, dass die Mitglieder zögerten, jemand mit jüdischem Namen und jüdischen Vorfahren zur Vorsitzenden zu machen, da die Haltung der Bevölkerung in dieser Hinsicht nicht mehr zuverlässig sei.« Salomon trat aus dem BDF aus, wirkte weiter als Pädagogin, richtete Hochschulstudiengänge für Sozialarbeit ein und regte Forschungsvorhaben an. Die Professionalisierung der Wohlfahrtspflege für weibliche Adepten, die jetzt auch den Weg in den Staatsdienst einschlagen konnten, war das Werk dieser einzigartigen Pionierin.

Als man Alice Salomon unter Verweis auf ihren jüdischen Namen von der Leitung des BDF ausschloss, waren die Nationalsozialisten noch nicht an der Macht. Aber dieser Ausschluss (1920) und seine Begründung (»die Haltung der Bevölkerung ist nicht mehr zuverlässig«) zeigt klarstens, auf was für ein Reservoir an antisemitischen Vorurteilen die Nazis zurückgreifen konnten, als sie mit ihrer Politik der Ausgrenzung, Entrechtung und Tötung von Juden Ernst machten. Das Feld war bereitet. Für Salomon hieß das ab 1933: Verfolgung durch die Gestapo, Schließung ihrer Schule, Ausweisung aus ihrer Heimat, Aberkennung der deutschen Staatsbürgerschaft und des Doktortitels. Sie war 65 Jahre alt, als sie über England nach Amerika emigrieren musste, einer ungewissen und, wie sich zeigte, unglücklichen Zukunft entgegen. Ihr Lebenswerk schien vernichtet. Es existierte zwar fort in all den Frauen, die dank ihr auf eigenen Füßen standen. Aber diese Botschaft kam im fernen Amerika nicht mehr an, wo Salomon isoliert blieb und kaum ihren Lebensunterhalt zu bestreiten vermochte.

Im Beschluss zur Auflösung beziehungsweise **Gleichschaltung des BDF**, zu seiner Überführung in die nationalsozialistische Deutsche Frauenfront, hieß es: »1. Bedingungslose Unterstellung unter die Führer der NSDAP; 2. Anerkennung der Aufgaben, die der nationalsozialistische Staat den Frauen stellt; 3. Entfernung nicht-arischer Mitglieder aus den Vorständen; 4. Wahl von nationalsozialistischen Frauen in die prominenten Stellen.«

Man hat in Deutschland während der vergangenen Jahrzehnte mit tiefen Seufzern der großen Talente in Literatur, Malerei, Filmkunst und Wissenschaft gedacht, die von den Nazis vertrieben wurden und der inländischen Elite verlorengingen. Auch die Frauenbewegung hatte einen Aderlass zu beklagen, Alice Salomon ist nur ein Beispiel. Künstlerische oder intellektuelle Persönlichkeiten wie Valeska Gert, Else Lasker-Schüler, Anna Seghers, Vicki Baum, Irmgard Keun, Mascha Kaléko, Erika Mann, Nelly Sachs und politische Frauen wie Anita Augspurg, Lida Gustava Heymann, Helene Stöcker oder eben Alice Salomon fehlten nach der Emigration nicht nur ihrer jeweiligen Berufsgruppe, sondern auch der Emanzipationsbewegung. Selbst wenn sie sich persönlich gar nicht für feministische Anliegen eingesetzt hatten, wären sie doch als heraus-

Anna Seghers (1900–1983) versuchte mit ihren Romanen eine Antwort auf die Frage zu finden, warum Menschen einer mörderischen Ideologie wie dem Nationalsozialismus erliegen können. Das gelang ihr nicht zuletzt mit dem Roman *Das siebte Kreuz*. Die Jüdin floh vor den Nazis nach Mexiko. Nach dem Krieg ging sie in die DDR, wo sie zur Vorzeige-Dichterin aufstieg und nie einen kritischen Ton riskierte. Ihre Literatur verlor jedoch nicht an Rang.

ragende Frauen, als Vorbilder und Wegweiserinnen im Inland wichtig gewesen.

Wem? Den Mädchen und Frauen. Die Nazis wussten, was sie taten, als sie jemanden wie Alice Salomon aus dem Land jagten. Gelehrte Frauen waren ihnen ein Gräuel, aktive Frauenrechtlerinnen erst recht. Es ist richtig, wenn immer wieder bilanziert wird, dass Kriegszeiten den Frauen neue Chancen eröffnen, die man ihnen im Frieden dann nur unter Schwierigkeiten wieder wegnehmen kann. Es gibt aber auch eine andere Seite, die der Emanzipation *entgegenarbeitet*: Kriegszeiten fördern Männlichkeit in ihrer aggressivsten Variante. Sie ändern die Prioritäten, setzen das Vaterland und seine Verteidigung an die Spitze der Skala und stufen die Kämpfe der Frauen um Gleichheit zur fast lächerlichen Nebensache herab. Je weniger Frauen sich dagegen wehren, desto besser.

Das »Dritte Reich« basierte auf Gewalt und Willkür, und es fabrizierte eine Ideologie, in der willkürliche Gewalt gegen Minderheiten, zu denen auch ehrgeizige Frauen gehörten, zur erwünschten Verhaltensbereitschaft aufstieg. In diesem Klima konnte Frauenemanzipation kaum gedacht, geschweige denn praktiziert werden. Stattdessen funktionierte das Berufsverbot bei Frauen in mittleren und höheren Positionen. Das Weib sollte Kinder empfangen und gebären, den Haushalt besorgen, die müden Krieger aufrichten und – je länger der Krieg dauerte in desto höherer Zahl – in den Rüstungsfabriken schaffen. Abtreibung wurde streng bestraft, Verhütung verboten – außer bei Jüdinnen, Sinti, Roma und sogenannten »erbkranken« Frauen, ihnen wurde das Kinderkriegen per Sterilisation unmöglich gemacht. Für »Arierinnen« winkte als Orden das Mutterkreuz für die Aufzucht vieler künftiger

Propagandaplakat, um 1935

Soldaten. Das nazistische Rollback in Sachen Frauenrolle war gründlich: Die Vereine und Organe der circa hundertjährigen ersten deutschen Frauenbewegung wurden aufgelöst oder in NS-Frauenorganisationen überführt, die Emanzipation zum Irrweg erklärt. Hitler: »Das Wort von der Frauenemanzipation ist ein nur vom jüdischen Intellekt erfundenes Wort.«

Die Elite der deutschen Streiterinnen für Gleichheit war durch die genannten Maßnahmen und die Gleichschaltung des BDF zum Schweigen gebracht. Und der Rest? Was war mit der Frauenmehrheit in Staat und Land, mit den Schulabgängerinnen, die weiterkommen wollten, mit den alten Frauen, die ihre lebensgeschichtliche Skepsis gelernt hatten? Es ist so mit der Diktatur: Ist sie erst mal etabliert, wird es schwierig mit dem Aufmucken. Dazu würde ein Heldenmut oder aber eine lang andauernde Geduld im Untergrund gebraucht, der oder die von den nur durchschnittlich mutigen und durchschnittlich geduldigen Frauen nicht erwartet werden kann. Die Mehrheit der Frauen jubelte Hitler zu. Schließlich hatten ihre Männer wieder Arbeit, die Aufrüstung versetzte die Wirtschaft in Schwung. Etliche Frauen litten unter der Beschneidung ihrer Rechte und Aussichten, aber sie hielten den Mund, denn Aufmucken wurde gefährlich. Einzelne leisteten dennoch Widerstand. Sophie Scholl, 21 Jahre alt, starb unterm Fallbeil, weil sie dazu aufgerufen hatte, Hitler zu stürzen. Johanna Kirchner, Sozialdemokratin, wurde hingerichtet, weil sie ein »Hilfskomitee für verfolgte Antifaschisten« geleitet hatte. Und Liane Berkowitz, eine 19-jährige Studentin, wurde zum Tode verurteilt, weil sie in der Harnack/Schulze-Boysen-Widerstandsgruppe tätig war. Es gab sie also, die Widerständlerinnen, aber es waren wenige. Wie konnte das auch anders sein, da ihr grausames Schicksal alle Unzufriedenen abschreckte, ihre Einwände gegen das Regime auch nur zu Ende zu denken.

Die Studentin **Sophie Scholl** (1921–1943) der Philosophie und Biologie an der Universität München, Tochter eines liberalen Lokalpolitikers und Pazifisten, gründete gemeinsam mit ihrem Bruder Hans Scholl die Weiße Rose, eine studentische Widerstandsgruppe gegen den Nationalsozialismus. Sophie schöpfte die Kraft zum Widerstand aus ihrem christlichen Glauben. Sie wurde, wie auch ihr Bruder und einige Mitkämpfer, gefasst und wegen Hochverrats zum Tode durch das Fallbeil verurteilt.

Frauen aus kommunistischen und anderen linken Organisationen, die an ihren politischen Positionen festhielten,

Dienstverpflichtete Arbeiterin in einer Heeresmunitionsfabrik, 1941

landeten mit ihren jüdischen Nachbarinnen in den Konzentrationslagern. Bald hatten die Nazis keine Opposition mehr zu fürchten. Ob ihre Devise »Die deutsche Frau raucht nicht« und ihr Einspruch gegen das Schminken überall durchdrangen, ist umstritten. Es gab weiterhin aufmüpfige Frauen, die Hitler-Witze erzählten, es gab aufopferungsvolle Frauen, die Juden versteckten. Alles in allem waren Frauen genauso selten heldenhaft oder vom Nationalsozialismus total durchdrungen, genauso häufig halb oder voll angepasst wie die Männer. Sie liefen mit, was die große Zahl betrifft. Sie verweigerten sich, was die geringe Zahl betrifft. Und sie leisteten Widerstand, was die sehr kleine Zahl betrifft.

Im Alltag dachte kaum eine Frau groß über Widerstand nach. Zumal der Krieg auch nach den angeblich so friedfertigen Frauen griff – nicht nur, als die Front in den Städten angekommen war und Frauen im Bombenhagel das Überleben zu organisieren versuchten. Die Wehrmacht selbst zog sie ohne viel Federlesens zu Hilfsdiensten heran. 1939 arbeiteten eine halbe Million Frauen für die Armee. Es begann mit Bürotätigkeiten und Telefondiensten, es endete mit Flugzeugabwehr, der Ausrichtung der Suchscheinwerfer und der Bedienung der Geschütze. Die »Blitzmädel« – so genannt nach dem auf die Uniform aufgestickten Blitzsymbol – konnten hier die Erfahrung von Gleichheit machen, waren sie doch genauso fähig zu dieser Art Kriegführung wie die Männer. Wenn es ihnen um die Wehrkraft ging, war den Nazis die Geschlechterfrage egal. Ihr Frauenbild war im Übrigen keineswegs konsistent. Zwar werteten sie die Gebärerin auf und erstrebten eine Betonung der Ungleichheit der Geschlechter. Aber sie griffen nicht auf das Ideal der Kaiserzeit-Dame zurück, sondern ließen den

Frauen ihre Errungenschaft aus der Zeit der Zwischenkriegszeit: die *Sportlichkeit.* Ja, sie förderten die sportliche Frau. Das begann schon beim Bund Deutscher Mädel (BDM), deren Aktivitäten sich in ähnlicher Weise am militärischen Training ausrichteten wie die der Jungen. Leni Riefenstahl, nicht nur Filmemacherin, sondern auch Bergsteigerin und Skiläuferin und das unter Extrembedingungen, war auch ein NS-Frauentyp. Dass sich hier dann wieder Gleichheit (mit den Männern in puncto Leistungsfähigkeit) einschlich, nahmen die Nazis hin. So machten sie sich auch nichts aus dem Widerspruch, in den die Blitzmädel zum propagierten Frauenideal traten. Ganz zu schweigen von all den Proletarierinnen, die (neben Kriegsgefangenen und anderen Zwangsarbeiterinnen) in den Rüstungsbetrieben schufteten.

Frauen in der NS-Zeit: Die Nazis brachten die Geschlechter auf eine Weise in Opposition, wie es zuvor noch keine Reaktion vermocht hatte. Frauen wurden von höheren Posten entfernt, die Verheirateten unter ihnen verloren ihre Anstellungen. Der Prozentsatz studierender Mädchen durfte die Zehn-Prozent-Marke nicht übersteigen. Neben Jüdinnen und politisch missliebigen Funktionärinnen wurden Frauen um Amt, Würde und Einkommen gebracht, nur weil sie Frauen waren.

Auch in England und in der Sowjetunion (SU) wurden Frauen in großer Zahl kriegsdienstverpflichtet. Sie bewährten sich hervorragend und empfanden den Sieg über Nazi-Deutschland als ihren persönlichen Sieg. Russinnen dienten bei der Artillerie, in Panzereinheiten und auch bei der Luftwaffe. Es gab sogar eine rein weibliche Fliegertruppe. Etliche erhielten die Auszeichnung »Heldin der Sowjetunion«. Eine verdiente Fliegerin schrieb an ihre Mutter: »Die Schlacht hat mich aufgefressen. Ich kann an nichts anderes mehr denken.« Die bedeutendste aller Geschlechterdifferenzen, auf der insbesondere die Nazis ständig herumritten, die friedliche Häuslichkeit der Frau und die militante Expansionslust der Männer, sie war keineswegs garantiert. Sich »auffressen« lassen von der Schlacht war kein männliches Privileg mehr – wenn es denn überhaupt eines war.

Im Widerstand gegen die Nazi-Besatzer waren ebenfalls Frauen aktiv. So in Polen, in Frankreich, in Jugoslawien, in Dänemark. Ohne Frauen lief gar nichts, der Partisanenkampf, das Meldewesen, die Rettungsaktionen für verfolgte Antifaschisten und Juden – alles hing an ihnen, schon weil sie mehrheitlich ihren zivilen Status beibehielten und sich leichter durchmogeln konnten. Der Krieg gilt als der Vater aller Dinge; er hat auch seinen Anteil an der Emanzipation. Aber da er stets Gewalt entbindet, wird er zur Sache der Frauen höchstens notgedrungen. Immerhin baut er ihnen eine Arena, auf der sie beweisen können: Sie sind nicht unbedingt friedlicher als Männer. Und wenn man sie lässt, können sie auch mit der Waffe umgehen. Die männliche Projektion, gemäß derer die Frauen ihr Leben nur auf die Bezirke erstrecken sollen, in denen die Männer ihnen begegnen möchten, setzt Frieden voraus. Im Krieg zerbricht sie, und Frauen strömen in die Männerdomänen – nicht aus purer Neugier, sondern weil das Leben sonst nicht weiterginge, also aus purer Not. Und Frauen nehmen aus dem Krieg einen Mehrwert mit – die Erfahrung, dass sie »es« können: Panzer fahren, Flugzeuge abschießen, Fabrikarbeit leisten, Widerstandsringe zusammenhalten. Aber für diese Erfahrung, so kostbar sie sein mag, ist der Krieg mit seinen Hekatomben von Todesopfern ein zu hoher Preis. Das wissen sowohl Frauen als auch Männer. Und deshalb gehen sie nach Friedensschluss sehr bald dazu über, die Leistungen und Verdienste von Frauen während der harten Zeiten zu entwerten und zu verschweigen. Es gibt kilometerweise Regalbretter mit Berichten, Analysen und Studien über den Zweiten Weltkrieg. Schicksale und Aktionen von Frauen wurden aber nicht systematisch untersucht.

Nach der Kapitulation Deutschlands im Mai 1945 blickten die überlebenden Frauen in den zerstörten Städten auf endlose Trümmerwüsten. Sie hatten nichts zu essen, sie hatten kein Zuhause. Sie hatten aus ihrer Heimat fliehen müssen, sie waren vergewaltigt worden. Ihre Männer waren tot oder gefangen. »Die Menschen waren im Innern genauso zerstört, wie ihre Städte von außen aussahen«, schrieb die Schriftstellerin Anna Seghers, die 1947 aus dem mexikanischen Exil nach Berlin zurückkehrte. »Ich kann mich erinnern, dass damals in der Zeitung eine Nachricht umlief, dass ein alter Großvater in der Küche nachts seinen Enkel erschlagen hatte, weil dieser Enkel ihn dabei erwischte, wie er sich aus dem Brotlaib, den die Mutter nach den Brotkarten für die Familie vorgekerbt hatte, aus Hunger ein Stück abgeschnitten hatte, und weil er sich schämte, dass ihn der Kleine dabei erwischte.« Es war eine

Zeit großer Not und tiefer Verzweiflung, denn auch den notorischen Wegguckern und Mitläuferinnen wurde jetzt klar, was Deutschland angerichtet hatte: die halbe Welt in Brand gesteckt, das eigene Land der Vernichtung preisgegeben und – es hatte den Holocaust zu verantworten. Wie sollte man damit weiterleben?

Das Kriegsende war aber auch eine Stunde null, von der aus ein Neuanfang möglich schien. Die aus dem Exil zurückgekehrten Politikerinnen hofften auf eine soziale Demokratie in Deutschland, die Jüdinnen, die meist nicht, wie Seghers, zurückkamen, sondern in den USA, in Schweden oder Israel blieben, hofften auf eine gründliche Abrechnung mit den überlebenden Nazis, auf deren Verfolgung und Vertreibung, so wie auch sie einst der Verfolgung und Vertreibung ausgesetzt gewesen waren. Und die Frauenrechtlerinnen hofften auf eine gesellschaftliche Verfassung, in der gleiche Rechte und Entwicklungschancen für beide Geschlechter garantiert, ratifiziert und operationalisiert würden.

Diese Hoffnungen erfüllten sich nicht. Deutschland wurde entlang den Besatzungszonen geteilt und jeweils den machtpolitischen Kalkülen des Westens (USA) und des Ostens (SU) unterworfen. Einigen führenden Nazis wurde der Prozess ge-

Trümmerfrauen in Berlin, um 1946

macht, aber zahlreiche niedere, mittlere und selbst höhere Chargen kehrten auf ihre Posten zurück, der Antisemitismus blieb noch lange virulent. Frauenpolitisch sah es zunächst gut aus, denn der Gleichberechtigungsgrundsatz wurde sowohl im westlichen Teil, der Bundesrepublik Deutschland (BRD), als auch im östlichen, der Deutschen Demokratischen Republik (DDR), in Grundgesetz und Verfassung aufgenommen, aber an der Lebenswirklichkeit der Frauen änderte sich nichts. Je mehr sich die Verhältnisse der Normalität annäherten und je stärker sich Wiederaufbau und Marshallplan (im Westen) in wirtschaftlichen Erfolgen niederschlugen, desto nachdrücklicher wurde das traditionelle Frauenbild entstaubt, aufpoliert und gefeiert. Die Restauration war gründlich, und sie verzichtete (wie einst in Frankreich unter Napoleon) zuallerletzt auf eine Wiederherstellung der alten Geschlechterhierarchie: Das Frauenleitbild der 1950er Jahre war weit rückständiger und weibchenhafter als das der 1920er, so jedenfalls in der BRD. In der DDR sah es insofern besser aus, als Mütter am Arbeitsleben teilnehmen konnten und sollten. Aber hier stand die Diktatur zwischen den Frauen und ihrer Freiheit, was in Anbetracht der gerade überwundenen Hitlerei noch bitterer war.

In der Nachkriegszeit gingen die meisten Frauen arbeiten, in Ost und West. Sie waren ja weit in der Überzahl. Sie begannen als Trümmerfrauen und Schwarzmarkthändlerinnen, zogen sodann in die behelfsmäßig hergerichteten Fabrikhallen, Bergwerke, Läden, Büros und Schulen, um dort die Arbeit zu tun, die getan werden musste. Zudem hatten sie ihre Familien durchzubringen, die immer hungernden und frierenden Kinder zu versorgen, die ausgebombten Großeltern zu beherbergen. Beinahe die gesamte Arbeitslast der geschlagenen Nation drückte auf die Schultern der Frauen. Das war nicht nur in Deutschland so. Alle europäischen Länder hatten im Krieg gelitten, Zerstörungen hinnehmen, Opfer beklagen müssen. Auch Amerika hatte einen hohen Blutzoll entrichtet. Und hier wie überall waren es die Frauen, die das zivile Leben, die Wirtschaft und die Verwaltung wieder in Gang brachten.

Aber seltsam. Ähnlich wie nach dem Ersten Weltkrieg das endlich errungene Wahlrecht, führte nach dem Zweiten Welt-

Schwarzmarkthändlerinnen am Reichstag, März 1946

krieg das Recht der Frauen auf Erwerb nicht zu der erhofften Gleichstellung. Die Frauenarbeit entwickelte sich in allen europäischen Ländern wie auch in Amerika zügig weiter, Frauen hatten ja auch das Bedürfnis, beim Wiederaufbau mitzuwirken, und drängten in die Betriebe, die Kontore, die Banken, die Rathäuser, neu eröffneten Läden und in die Selbständigkeit, um sich und der Welt zu beweisen, dass das Leben weiterging. Aber sie verdienten wieder nur zwei Drittel vom Lohn der (jetzt heimgekehrten) Männer, sie wurden wieder nur auf Arbeitsplätzen zugelassen, die eine geringe Qualifikation erforderten und an denen es keine Aufstiegsmöglichkeiten gab. Die Arbeiterinnen in den Fabriken hatten sich genau wie vor dem Krieg über quälend monotone Tätigkeiten, zu wenig Pausen, Arbeitshetze und mangelnde Schutzvorrichtungen zu beklagen. Und überall mussten Frauen neben der Berufstätigkeit nach wie vor die volle Familienarbeit leisten. Es blieb, wie Alice Salomon es schon zu Beginn des Jahrhunderts formuliert hatte – ganz gleich in welchem Beruf, es wurde den Frauen schwer gemacht, durch Arbeit ihren Lebensunterhalt zu verdienen: »Der alte volkswirtschaftliche Lehrsatz, dass die Arbeit die Quelle allen Reichtums ist, hat für die Frauen schlechthin keine Geltung. Denn die Frauen, die ihr Leben lang gearbeitet haben, sind meist nicht reich geworden, und die Frauen, die reich geworden sind, haben das meist nicht durch ihrer Hände oder ihres Kopfes Arbeit erreicht. Die Löhne der Frauen in den verschiedenen Berufssphären zeigen die traurige Gemeinsamkeit eines auffallenden Tiefstandes.«

Geändert hatte sich also – abgesehen von der Zugänglichkeit von immer mehr Berufen für Frauen – seit Salomons Befund nichts. Der frauenpolitische Neuanfang blieb nach 1945 aus. Ja, es schien fast so, als hätten die Männer (aber auch viele Frauen) nach dem großen Krieg ein vertieftes Bedürfnis, Frauen gemäß ihrer Projektion vor allem als Mütter und Trösterinnen sowie als erotische Freudenquelle zu erleben, als wäre ihnen die Frau an der Werkbank oder hinterm Schreibtisch ein wahrer Dorn im Auge. Noch einmal schien die Emanzipation stillzustehen – wie 1914 und 1933. Nur dass die formaldemokratischen Strukturen in der Bundesrepublik und die Reformanstrengungen in der DDR den Weg bereiteten für einen neuen Anlauf der Frauenbewegung. Es dauerte noch einmal 25 Jahre, in denen die alten Werte regierten und Frauen (im Westen) vor allem dazu da sein sollten, schön zu sein, Kinder auf die Welt zu bringen, ein gepflegtes Heim zu hüten und den berühmten Streuselkuchen zu backen. Dann begab sich »der alte Maulwurf«, wie er in der marxistischen Rhetorik die Revolution hieß und wie man auch die Emanzipationsbewegung nennen könnte, noch mal richtig an die Arbeit und grub los, dass die Brocken flogen. Aber auch in der Zwischenzeit hat er, wenngleich unspektakulär und unterirdisch, doch unbeirrt vor sich hin gewühlt.

Der **Demokratische Frauenbund Deutschlands** (DFD) wurde 1947 gegründet, seine Vorläufer waren die antifaschistischen Frauenausschüsse von 1945. Es blieb diesem Bund nichts anderes übrig, als sich linientreu zur Politik der jungen DDR zu verhalten, weshalb er im Westen als Anhängsel der sowjettreuen Kommunisten bekämpft wurde. Eine autonome Frauenbewegung konnte es in der DDR unter den Bedingungen der Diktatur nicht geben.

Gleich nach dem Krieg bildeten sich in vielen deutschen Großstädten Frauenausschüsse, die überparteilich und überkonfessionell ausgerichtet waren und für die elementare Versorgung der Bevölkerung arbeiteten. Sie leisteten Ad-hoc-Hilfe wie Schulspeisungen und die Einrichtung von Kindergärten, besannen sich aber auch auf die alten politischen Forderungen der unter Hitler gleichgeschalteten Frauenverbände. Sie hofften, mit pazifistischen und Gleichheitsideen auf die Politik der Besatzungsmächte Einfluss nehmen zu können. Allmählich lernten sie aufs Neue die demokratischen Prozeduren der Abstimmung, des Mehrheitsprinzips und der Wahl des Vorstands. Die Frauenbewegung in ihrer organisierten Form schickte sich an zurückzukehren.

1949 wurde in Bad Pyrmont der Deutsche Frauenring als Nachfolgeorganisation des BDF gegründet; sein Geburtsfehler war die weithin fehlende Kritik an der Restitution alter Weiblichkeitsideologien. Inhaltlich konzentrierte sich der Ring auf pazifistische Propaganda und auf Opposition gegen die Politik der Wiederbewaffnung. 1951, vier Jahre später als in der DDR, entstand auch in der BRD der Demokratische Frauenbund Deutschland DFD, dessen vordringliches Ziel der Kampf gegen eine Remilitarisierung war. Er wurde verboten, als es um die Pariser Verträge ging, die eine Aufnahme der Bundesrepublik in die NATO vorsahen, einigen Funktionärinnen wurde der Prozess gemacht. Den Hintergrund bildete der Kalte Krieg, es gab Verbindungen zwischen DFD und den Kommunisten. Und noch ein dritter Bund kämpfte mit, die Westdeutsche Frauenfriedensbewegung (WFFB). All diese Vereinigungen mit ihrer Propaganda für Deutsche Einheit und Abrüstung scheiterten teils am Kalten Krieg, teils an der Entspannung in Westeuropa. Und daran, dass es ihnen nicht gelang, frauenspezifische Forderungen zu formulieren.

Der FDGB war der Dachverband der etwa 15 Einzelgewerkschaften in der DDR. Plakat um 1947

Auch in Amerika gab es eine Frauen-Friedensbewegung; schon im Ersten Weltkrieg hatten Jane Addams und Emily Greene Balch, eine Historikerin, die Women's International League for Peace and Freedom gegründet. Dafür und für ihre nie nachlassenden Aktivitäten zugunsten konkreter Völkerverständigung erhielt die Vorkämpferin 1946 den Friedensnobelpreis. Aber abgesehen von solchen klassischen pazifistischen Initiativen stand die politische Arbeit der US-Frauen in der Nachkriegszeit unter einem restaurativen Stern. Großen Einfluss übten die Hausfrauenverbände aus. Die Weiblichkeitsikonen der 1950er Jahre, wie sie in den USA entstanden und vom erschöpften Europa gern übernommen wurden, waren äußerst rückschrittlich. Frauen wurden vor allem als Super-Hausfrauen inszeniert, sie hatten sich für Putzmittel und Kühlschränke zu begeistern und sollten die Männer in ihren Domänen keineswegs stören. In Europa schien die scharfe Trennung von weiblicher und männlicher Sphäre sogar eine Garantie dafür zu bieten, dass der Krieg – auch in den Seelen der Menschen – wirklich vorbei war. Die kriegsbedingte Gleichheit der Frauen in der Fabrik und an der Flugzeugabwehrkanone zerrann zu einer bösen kriegsbegleitenden Erinnerung, mit der man nichts mehr zu tun haben wollte.

Diese vorwiegend männliche Nachkriegslesart des Geschlechterverhältnisses wurde auch für die Frauen verbindlich. Sie wollten sich, in ihrer Mehrheit, gern so superhausfraulich geben, wie das neue Leitbild es vorsah. Die knabenhafte Linie der 1920er Jahre, der schlanke Chic der 30er (und 40er) galten nichts mehr. Die Frau durfte jetzt füllig sein, aber mit Wespentaille, das Haar sollte reich gelockt und das Fußgelenk zierlich sein. So gesegnet mit prächtigen Kurven kam sie über den Laufsteg gestöckelt, die Traumfrau der Fifties, sie lächelte von der Filmleinwand und aus den Modezeitschriften, mal im engen Kostüm mit Hütchen und Handschuhen oder im hellblauen Sommerkleid mit Bubikragen und schwingendem Rock. Nennen wir sie Bärbel, denn so hieß das *Schwarzwaldmädel* in dem gleichnamigen Heimatfilm, der 1950 Premiere hatte und ein Bombenerfolg wurde. Bärbels Ausstrahlung: unbeschreiblich weiblich, lieb und lebensfroh. Ihre Aufgabe: ein Gegenbild zu stiften zur Trümmerfrau der 40er Jahre, zur grauen Mutter, die gehungert und ein stockfleckiges Tuch um ihr schütteres Haar geschlungen hatte. Die vollbusige, strahlend-patente Partnerin der 50er Jahre, sie war ein Abwehrzauber. Sie sollte vor allem *vergessen* machen wie viel Leid, Mangel und Schuldgefühl sich in der Dekade zuvor angesammelt hatte und wie schwer es den Überlebenden des Weltkriegs fiel, mit der Erinnerung fertigzuwerden.

Es versteht sich, dass eine solcherart als Ablenkungsmanöver konzipierte Ikone nicht besonders haltbar sein konnte. Sie wurde immer bedrängt, die 50er-Jahre-Frau, zum einen von der Vergangenheit, die ja, als Zeitstimmung, im Gegensatz zu den Kriegsheimkehrern und Wirtschaftswundermagnaten, *nicht schwieg*, sondern laut klagte, denn in zu vielen Familien fehlten Väter und Söhne, war das Haus verbrannt und die Heimat verloren, und es waren vor allem die Mütter, denen man das ansah. Es schimmerte also immer irgendeine traurige Ahnin durch das lebensfrohe weibliche Idol der Fifties hindurch, das konnten noch so viel Konsum und Aufbruchslust nicht ändern. Auf der anderen Seite war es die Zukunft, die gegen die 50er-Ikone an arbeitete. Heute wissen wir es, damals konnte man es ahnen: Schwarzwaldmädel Bärbel würde seinen Appeal nicht dauerhaft in der bundesdeutschen Wirklichkeit verankern können. Dafür war zu viel passiert.

Schon während der 1950er kam das Gleichberechtigungsgesetz durch; und zur selben Zeit kratzten Gegen-Idole an Bärbels Image. Da war die aparte Audrey Hepburn, die nicht nur mit ihrer androgynen Figur, sondern auch mit ihrem Eigenwillen bestach. Da war Simone de Beauvoir, die mit *Das andere Geschlecht* eine neue Initialzündung für die Frauenemanzipation gab. Und da war der Rock ’n’ Roll. Die Girls ließen sich von den Kerls über die Schulter werfen, dass man ihren Schritt sah. So was hätte das Schwarzwaldmädel entschieden abgelehnt. Aber ihre jüngeren Schwestern waren ganz wild darauf, und nach einer weiteren Dekade werden sie sogar ihr intimstes Wäschestück, den BH, öffentlich verbrennen, um ihre Freiheit zu feiern.

Trotz seiner Brüchigkeit war das Frauenbild Marke Schwarzwaldmädel ein wichtiges und verpflichtendes Stück Ideologie der Adenauer-Ära. Solange es herrschte, konnten sich Mädchen und Frauen zumindest seinem modischen Einfluss kaum entziehen. Aber es ging ja nicht nur um das Erscheinungsbild, es ging um das Gesamtbild der Geschlechterbeziehung, letztlich der restaurierten Gesellschaft überhaupt. Darin sollte wieder Ordnung herrschen, ganz nach alter Väter Sitte. Der verlorene Krieg und die Härten der Ausbombung und Vertreibung verlangten nach einem Gegenentwurf stabilen Friedens, und das Symbol dafür war die Frau, die für die Ihren kochte. Die von der Schweißarbeit des Wiederaufbaus freigestellt war und etwas neu und mit Leben füllte, was zuvor millionenfach zerstört worden war: das Haus. Dass die Idealfrau jener Jahre keinen Beruf hatte, es sei denn einen »weiblichen« wie Kindergärtnerin oder Arzthelferin, den sie aufgab, wenn sie heiratete, dass sie Hausfrau und Mutter war und zwar liebend gern – das war nicht bloß die unterdrückerische Idee eines restaurierten Patriarchats, sondern auch ein Zeichen, eine Vorwegnahme künftigen Glücks: dass die Bevölkerung wieder wachsen würde. Dass der Mann wieder obenauf sein und tüchtig verdienen, dass er den Wohlstand mehren würde. So jedenfalls war Bärbel als Leitfigur gemeint. Die Wirklichkeit sah bunter aus.

Die studierte Philosophin **Simone de Beauvoir** (1908–1986) begann als Lehrerin, tat dann den Schritt in die freie Schriftstellerei – mit Erfolg. Sie gehörte nach dem Zweiten Weltkrieg zu den führenden Linksintellektuellen Frankreichs – ganz wie ihr Lebensgefährte Jean-Paul Sartre. Der Frauenbewegung stand sie erst fern – sie fand, dass jede Frau nach oben kommen könne, wenn sie nur genug dafür tue. Aber dann erkannte sie die Macht der Verhältnisse und der Strukturen. Ihr 1949 erschienenes Buch *Das andere Geschlecht. Über Sitte und Sexus der Frau* wurde zur Bibel der Neuen Frauenbewegung in den 1970er Jahren.

Vor allem zu Beginn der 1950er waren die Männer und die Städte noch zu kaputt, als dass die Gesellschaft auf die Mitarbeit der Frauen hätte verzichten können. Was das Frauenbild der 50er Jahre betrifft, muss man Realität und Wunschbild unbedingt auseinanderhalten. Schwarzwaldmädel war eine Phantasmagorie – als solche wirkte sie auf die Menschen, aber mehr auf ihre geheimen Träume als auf ihre realen Entscheidungen. Und als es dann so weit war, dass man die (immer zweischneidige, für selbstbewusste Frauen unannehmbare) Utopie der Nur-Hausfrau hätte verwirklichen können, da kam alles ganz anders. Da wollten die Leute verreisen, ein Auto und einen ersten Fernseher. Und dafür brauchte man ein zweites Einkommen. Inzwischen war auch Elvis Presley auf der Bühne erschienen. Da war es dann endgültig zu spät für die Lüge, dass die Sinnlichkeit der Frau sich beim Putzen erfüllt. Bärbel musste abtreten.

Während das Volk, auf der Suche nach der verlorenen Zeit, in den Heimatfilm strömte, vertieften sich die Intellektuellen wissbegierig und aufgeregt in das Werk einer Pariser Philosophin: Simone de Beauvoirs großes Buch *Das andere Geschlecht* kam schon 1951 auf Deutsch heraus. Hier konnte man sie finden: die verallgemeinerte Version einer Erklärung für das oft so schwer Verständliche, was als »Unterdrückung der Frau« zusammengefasst wurde. Im Klappentext hieß es: »Dieses Buch ist eine universelle Standortbestimmung der Frau, die aus jahrtausendealter Abhängigkeit von männlicher Vorherrschaft, aus einer übermächtigen Tradition von Schwächegefühlen, rechtlicher und gesellschaftlicher Benachteiligung aufgebrochen ist, um eine selbständige Seins- und Wertbestimmung und den ihr angemessenen gleichberechtigten Status dem Mann gegenüber zu gewinnen.« Ja, das trifft es, de Beauvoir lieferte eine allgemeine Analyse des Ist-Zustandes mit historischer Tiefenlotung, gewährte dabei dem Tabuthema Sex breiten Raum und erreichte durch polemische Spitzen gegen die Männerwelt, dass sich ihre gelehrte Aufklärung zugleich vergnüglich las. Und dass in den Leserinnen das starke Bedürfnis erwachte, die Verhältnisse zu ändern.

Simone de Beauvoir, November 1945

Als die Sozialistin de Beauvoir ihr Buch vorlegte, glaubte sie noch daran, dass erst eine neue Gesellschaftsordnung nach Abschaffung des Kapitalismus den Frauen Freiheit und Gleichheit bringen könne. Es dauerte noch ungefähr zwanzig Jahre, bis sie – gemeinsam mit der jungen Frauengeneration – begriff, dass der Kampf der Frauen um Anerkennung ihrer Gleichwertigkeit und um gleiche Rechte und Chancen ein autonomer war, der seinen eigenen Gesetzen folgte und sich schwerlich der großen Politik mit ihren wechselnden Zielen und Organisationsformen unterordnen ließ. Simone de Beauvoir hatte gezögert, sich nach ihrer theoretischen Parteinahme auch praktisch für den Feminismus zu engagieren. Als sich aber zu Beginn der 1970er Jahre die Neue Frauenbewegung erhob, stellte sie sich »zur Verfügung«.

»Männer und Frauen sind gleichberechtigt.«

Gleichheit und Differenz in Gesetz und Moral

Gesetze, die für Gleichheit im Sinne von Gleichbehandlung und gleiche Chancen sorgen, waren und sind für die Frauenemanzipation notwendig, aber nicht hinreichend. Immer wieder zeigt sich, dass Gesetzestexte für die Freiheit der Frauen eine Unterstützung, aber keine Garantie bieten. Dafür sind die Lebensumstände, auf die sie passen sollen, zu unterschiedlich – was auch der Grund dafür ist, dass sie immer wieder geändert werden (müssen). Und schließlich müssen Gesetze *ausgelegt* werden, und die auslegenden Autoritäten sind in der weit überwiegenden Anzahl Männer.

Ohne die Festschreibung weiblicher Rechte im Gesetz aber geht gar nichts. Das wusste die Juristin und SPD-Politikerin Elisabeth Selbert, als sie darauf bestand, dass der Artikel 3 des Grundgesetzes der Bundesrepublik, der da lautet »Alle Menschen sind vor dem Gesetz gleich«, ergänzt würde durch den Satz »Männer und Frauen sind gleichberechtigt«. Sowie: »Der Staat fördert die tatsächliche Durchsetzung der Gleichberechtigung von Frauen und Männern und wirkt auf die Beseitigung bestehender Nachteile hin.«

Selbert gehörte zu den »Müttern des Grundgesetzes«. Sie war eine von vier Frauen, die dem Parlamentarischen Rat angehörten, einem 65-köpfigen Gremium, das 1948 den Verfassungsersatz *Grundgesetz* ausarbeitete. Von dem ahnte damals wohl kaum jemand, wie lange er gelten

Jura studierte die SPD-Frau **Elisabeth Selbert** (1896–1986) erst, als sie schon in verschiedenen anderen Berufen tätig gewesen und Mutter zweier Kinder geworden war. Sie hatte sich in die Politik gestürzt und begriffen: Sie brauchte Wissen. Für das Studium musste sie erst noch das Abitur nachholen. Als eine von fünf Frauen unter dreihundert Kommilitonen machte sie einen glänzenden Uniabschluss. Es gelang ihr sogar, während der Nazizeit ihren Posten an einem Gericht zu behalten – große Ausnahme. Ihr Spezialgebiet: die Gleichberechtigung der Frau.

würde – bis heute! Selbert traf bei ihrem Vorstoß auf einhelligen männlichen Widerstand, besonders seitens der CDU. Es werde ein rechtliches Chaos ausbrechen, hieß es, da sich vor allem im Familienrecht ein Großteil der Bestimmungen mit diesem Gleichberechtigungsgrundsatz nicht in Einklang bringen ließe. Die Abgeordnete aber blieb unerbittlich. Sie schlug vor, dass bis zu einer gewissen Frist (1953) alle dem Gleichheitsgrundsatz widersprechenden Gesetze und Regelungen überprüft und abgeändert werden müssten. Und sie setzte sich durch. Knurrend gab die Männermehrheit dem demokratischen, die Frauen begünstigenden Zeitgeist nach. Selbert drohte zur Sicherheit aber mit einer breiten öffentlichen Intervention »maßgeblicher Frauen« aus den wieder erstarkenden Verbänden, bei denen sie unermüdlich und erfolgreich um Unterstützung geworben hatte.

1949 tritt das Grundgesetz mit seinem Artikel 3, Absatz 2 und 3 in Kraft – jetzt ist die rechtliche Gleichstellung der Frau im westlichen Teil Deutschlands verfassungsmäßig garantiert. Aber die Umsetzung in den einzelnen Rechtsbereichen dauert ihre Zeit. Es müssen nun alle Bestimmungen des Arbeitsrechts, des Ehe- und Familienrechts, des Vermögens-, Erb-, Sorge-, Scheidungs- und Namensrechts daraufhin überprüft werden, ob sie mit dem Gleichheitsgrundsatz kompatibel sind, was nicht so einfach ist. Erst 1953 – immerhin fristgemäß – erklärt das Bundesverfassungsgericht die Gleichstellung zur echten Rechtsnorm. Nach und nach wird aus den Gesetzestexten alles getilgt, was die Ungleichheit zementiert und die Oberherrschaft des Mannes in der Familie und in der Welt gestützt hatte. Meist waren Gerichtsurteile der Anlass, Frauen mussten also klagen. So wird der »Stichentscheid des Haushaltsvorstandes«, was so viel heißt wie »der Mann hat das letzte Wort in allen Streitfragen«, 1958 endlich eliminiert – gegen den heftigen Widerstand beider Kirchen und vieler Stimmen der CDU. Der Fuldaer Bischofskonferenz, die meinte, wegen der gottgewollten Ungleichheit der Geschlechter müsse dem Manne die Dominanz in der Familie zukommen, antwortete 1953 die FDP-Abgeordnete Marie-Elisabeth Lüders: »Die Bischöfe gehen ganz allgemein von der sogenannten natürli-

Frauenkonferenz in Fulda 1951, Elisabeth Selbert am Rednerpult

chen Ordnung in Ehe und Familie aus. Sie identifizieren diese natürliche Ordnung a priori mit der Autorität des Mannes und Vaters. Wir sind demgegenüber der Meinung, dass diese einseitig autoritäre Ordnung in einem mehrseitigen Verhältnis, wie Ehe und Familie es sind, nicht natürlich ist, sondern unserem gemeinsamen Bestreben, Ehe und Familie aus innerem Wollen und nicht durch äußeren Zwang fest zu gründen, entgegensteht.«

Das innere Wollen der Frauen war keineswegs einheitlich, aber es enthielt zunehmend Elemente eines Autonomieverlangens, das sich nicht mehr durch Verweise auf den lieben Gott und die Herkunft unterdrücken ließ. Man muss sich einmal vor Augen führen, was damals (bis 1958!) geltendes Recht war. Im Lehrbuch *Familienrecht* von 1949 wurde das alles noch in schöner Ausführlichkeit aufgelistet: In einer Ehe entscheidet der Mann über Art und Umfang der *Lebensführung*, über den Ablauf des *häuslichen Lebens*, über die *Erziehung* der Kinder und über den *Wohnort*. Der Mann verwaltet und nutzt (!) *das Vermögen der Frau*, sie hat keinen Zugriff ohne sein Einverständnis. Der Ehegatte ist berechtigt, ein etwa bestehendes *Arbeitsverhältnis seiner Frau* ohne ihre Zustimmung und sogar ohne ihr Wissen zu kündigen, sofern er der Meinung ist, dass ihre Erwerbstätigkeit den ehelichen Frieden beeinträchtigt, weil die Frau ihren hauswirtschaftlichen und mütterlichen Pflichten nicht mehr in ausreichendem Maße nachkommt. Der Mann besitzt das »*Entscheidungsrecht*« (lies: den »Stichentscheid«), der Frau obliegt die »*Folgepflicht*«. Sie hat zu gehorchen wie eine Dienerin. Insgesamt lesen sich die Einzelheiten des alten Eherechts wie eine Dienstvorschrift, die einer Untergebenen ihren Platz zuweist. Und genau so waren sie auch gemeint. Die männliche Herrschaft in ihrer vermeintlichen Unerschütterlichkeit hatte hier ihre punktgenaue, in die Sprache des Rechts übersetzte Entsprechung gefunden.

Im Klartext bedeutete dies: Die Frau war immer noch vollständig abhängig. Sie war noch nicht aus der schützenden und gängelnden Hand ihres mehrtausendjährigen Vormunds, des Mannes, entlassen worden. Sie war nur bedingt geschäftsfähig. Sie war nur bedingt erwerbsfähig – immer vorausgesetzt, sie war verheiratet. Die alleinstehende Frau war freier – galt allerdings als unglückliche Existenz, die ihren Lebenszweck verfehlt hatte. Die verheiratete Mutter konnte noch nicht einmal darüber befinden, wie sie ihr Kind erzog. Wenn der Mann nicht einverstanden war, musste sie sich ihm anpassen. Von der Freizügigkeit ganz zu schweigen. War der Mann aus beruflichen Gründen genötigt, den Wohnort zu wechseln, oder hatte er einfach nur Lust dazu, von Hamburg nach Lübeck zu ziehen, so musste sie eben mitgehen. Das Gesetz verlangte es so. Jede Frau mit elementaren Freiheitsbedürfnissen, was die Gestaltung ihres eigenen Lebens betraf, musste sich dagegen auflehnen.

Die prominente Anwältin **Lore Maria Peschel-Gutzeit** (geb. 1932) trat 1988 der SPD bei – im selben Jahr, in dem die Partei die Frauenquote einführte. Aber das war Zufall, sagt sie. Die auf Familienrecht spezialisierte Juristin setzt sich unermüdlich für Frauenbelange ein. Als junge Expertin gehörte sie zur ersten Frauenkanzlei der Bundesrepublik. Nach langen Jahren in der Politik sorgt sie heute wieder in einer Kanzlei für Gerechtigkeit – die Kollegen sind Männer.

So eine Frau war (und ist) Lore Maria Peschel-Gutzeit, eine der ersten Jurastudentinnen nach dem Krieg, die sich bis heute um das Groß- und Kleingedruckte kümmert, wenn Frauen in Rechtsangelegenheiten das Nachsehen haben. Die langjährige Familienrichterin, Justizsenatorin (in Hamburg und Berlin) und – dies nebenbei – begeisterte Rallye-Fahrerin, regte 1968 die »Lex Peschel« an, wonach mit einer groben Ungerechtigkeit gegen Frauen im Justizwesen Schluss gemacht wurde. Bis dahin nämlich stand es im Beamten- und Richterrecht geschrieben, dass eine Richterin, die Mutter geworden war und sich zu einer Babypause entschloss, alles verlor: ihren Arbeitsplatz, ihren Beamtenstatus, ihr Einkommen, ihre Pension. Die streitbare Juristin Peschel schüttelte den Kopf über ein solches Ausmaß an Inhumanität (die wohl noch eine nationalsozialistische Handschrift trug) und arbeitete an einer Lösung mit Teilzeit und Familienurlaub, die heute Gesetz ist. Die Widerstände gegen ihren schlichten Vorschlag waren enorm. Der Beamte – und erst recht die Beamtin – habe seine/ihre gesamte Arbeitskraft in den Dienst des Staates zu stellen, so sei es Brauch und so solle es bleiben. Die Gesetzesvorlage der Frau Peschel sei verfassungswidrig. Dabei war das neue Gesetz einfach nur human. Und gerecht. Die Rede vom Dienst am Staat mit der »gesamten Arbeitskraft« war ein Vorwand. Es ging einzig und allein darum, die männliche Herrschaft abzusichern. Das galt auch für das Ehe- und Familienrecht mit all seinen Teilbereichen. Überall gab es etwas Kleingedrucktes, das die Frauen schlechter stellte und im Lichte des Gleichberechtigungsgrundsatzes keinen Sinn ergab. Es sei denn, man unterstellte den Männern ein vertieftes Interesse an der Aufrechterhaltung ihrer Herrschaft über die Frauen.

Die Handwerkertochter **Friederike Nadig** (1897–1970), deren Vater schon SPD-Aktivist gewesen war, zog es gleichfalls zu den Sozialdemokraten. Sie absolvierte eine Ausbildung an Alice Salomons Sozialer Frauenschule und wurde Wohlfahrtspflegerin. Auf diesem Gebiet blieb sie lebenslang tätig. Als Mitglied im Parlamentarischen Rat bemühte sich Nadig darum, die Gleichstellung ehelicher und nichtehelicher Kinder sowie gleichen Lohn für Frauen durchzusetzen. Das gelang nicht.

Die Dekaden nach dem Zweiten Weltkrieg, die keine aktiv intervenierende Frauenbewegung kannten und stattdessen altväterliche Familienbilder wiederauferstehen ließen, waren auch eine Zeit, in der das Ideal der Gleichheit in praktische Konsequenzen übersetzt wurde, die es den Frauen ermöglichen sollten, im selben Maß ein Leben in Freiheit zu führen wie die Männer. Insofern war diese Zeit doch frauenpolitisch fruchtbar. Als symbolischer Erfolg mag gelten, dass Frauen die Anrede »Fräulein« in dieser Zeit loswurden und auch zu offiziellen Anlässen in Hosen erscheinen durften. Die wenigen aktiven Frauen, die in der Justiz, in der Politik und den Wissenschaften auf ihre alten Posten zurückkehrten oder neu in

Die CDU-Frau **Helene Weber** (1881–1962) kam von der Zentrumspartei; schon früh war sie politisch aktiv. Sie begann als Lehrerin und wechselte, als die Nazis sie entließen, zur freien Wohlfahrtspflege. Im Parlamentarischen Rat 1948 war diese »Mutter des Grundgesetzes« Schriftführerin des Präsidiums. Weber setzte sich dafür ein, dass mehr Frauen auf wichtige Posten in der Politik gelangen konnten. Sie blieb bis zu ihren Tod Mitglied des Bundestages. Die Zentrumspolitikerin **Helene Wessel** (1898–1969) wurde während der Nazizeit kaltgestellt, gründete 1952 mit Gustav Heinemann, Johannes Rau und anderen die GVP (Gesamtdeutsche Volkspartei), die es jedoch nicht über die Fünf-Prozent-Hürde schaffte. Daraufhin wandte sich Wessel der SPD zu. Sie gehörte dem Parlamentarischen Rat an, war also eine der »Mütter des Grundgesetzes«. Stark ausgeprägt war ihr Pazifismus. Bis zuletzt bezog sie Stellung gegen die Wiederbewaffnung der Bundesrepublik.

jenen Bereichen aufstiegen, bildeten den Motor dieser Entwicklung, siehe Elisabeth Selbert und die drei übrigen Mütter des Grundgesetzes, Helene Wessel, Friederike Nadig und Helene Weber. Siehe Lore Maria Peschel-Gutzeit und ihre gleichaltrigen und jüngeren Kolleginnen, die sich nur an den Kopf fassen konnten, wenn sie eine Formulierung wie »Stichentscheid« oder »Folgepflicht« lasen. Die junge Frauengeneration, soweit mit der Materie befasst, neigte zu einer nüchternen Anschauung und wies die typischen Mystifikationen, mit denen die Inhaber von Herrschaft über Ungereimtheiten und Gleichheitsverletzungen hinwegzugehen pflegen, entschieden von sich. Wer diesen Frauen beim Kampf um die Gleichheit letztlich zur Seite stand, war, wie eingangs erwähnt, das in der BRD neu gegründete Bundesverfassungsgericht.

Auch die DDR nahm den Gleichheitsgrundsatz in ihre Verfassung auf. Und sie sorgte vorbildlich für eine Umsetzung der Gleichheitsforderung durch liberale Familienpolitik und Bereitstellung von Institutionen, die es Frauen nicht nur erleichterten, sondern wirklich ermöglichten, Erwerbstätigkeit und Kindererziehung zu vereinbaren. Frauenarbeit wurde propagandistisch sowie institutionell von Seiten des Staates stets gefördert. Dass diese Reformen relativ glatt durchgingen, hatte mit der Entmachtung der Kirchen zu tun, die, anders als im Westen, nicht so folgenreich in die Familienpolitik hineinregieren konnten. So ließ sich in der DDR auch – im Gegensatz zur BRD – die Abtreibung (während der ersten Schwangerschaftswochen) straffrei stellen. Allerdings übersprang die von oben verordnete Emanzipation jene Geschlechterdiskurse in der Gesellschaft, die es im Westen ab den 1960ern gab und die später in der Neuen Frauenbewegung gipfelten. Sie lenkte auch davon ab, dass Frauen wieder auf wenig attraktiven Arbeitsplätzen saßen und selten aufstiegen und in der Politik (also in der Partei) kaum je an die Spitze gelangten. Ferner war von einer Teilung der Hausarbeit, die den berufstätigen Frauen doch hätte zustehen müssen, nie die Rede. Der Osten Deutschlands hatte mit seinem sozialistischen Politikverständnis auch die alte Hierarchie der »Widersprüche« beibehalten und erklärte die Frauenemanzipation in dem Augenblick für vollzogen, als das Privateigentum an den Produktionsmitteln abgeschafft worden war. So brauchten sich die DDR-Frauen ihre Freiheit nicht »von unten« zu erkämpfen, sondern durften sie »von oben« in Empfang nehmen – was man als Vorteil hätte ansehen können, wenn nicht ein Kritikverbot an allen politischen Plänen und Schritten der Staatspartei der Preis gewesen wäre.

Deutschland war übrigens keineswegs verspätet, was die gesetzliche Gleichberechtigung der Frauen betraf. Die Französinnen mussten bis in die 1960er Jahre hinein warten, erst dann stiegen sie zu vollwertigen juristischen Personen auf. In ganz Europa begann ein Diskurs über die Gleichheit, der sich dialektisch entfaltete, das heißt die Ungleichheit mit bedachte. Dabei waren es nicht immer nur die konservativen Männer, die auf Ungleichheit pochten, und nicht nur die fortschrittlichen Frauen, die in Termini von Gleichheit dachten. Die Zuordnungen konnten sich auch umkehren. So wurde das Scheidungsrecht mit den daran hängenden Unterhaltsregelungen immer wieder novelliert – das war nötig, denn die Alleinernährer-Familie hörte auf, das allein verbindliche Modell abzugeben. Jetzt hatten die Männer nicht so viel dagegen, im Falle, dass die Frau mehr verdiente, nach einer Scheidung bei ihr zu kassieren, und den Frauen fiel es oft schwer, eine solche Konsequenz aus ihrer Emanzipation zu ziehen. Der Mutterschutz wurde verstärkt kritisch betrachtet, hielt er doch die Arbeitgeber davon ab, eine Frau einzustellen. Aber sollte man ihn deshalb abschaffen? Bei näherem Hinsehen erwies sich die Gleichheit oft als ein zu grobes Kriterium, um das Leben der Geschlechter – juristisch, am Arbeitsmarkt, im Privatleben – zu strukturieren. Also musste diese altehrwürdige Leitkategorie der Emanzipation mit der Feile ihres Gegenstücks, der *Differenz*, zurechtgeschliffen werden. Doch erst einmal musste man sich das Ideal der Gleichheit konsequent vor Augen führen.

Was bedeutet denn radikale und ohne Rücksicht auf Verluste durchexerzierte Gleichheit? Sie bedeutet Symmetrie. Sie bedeutet, dass von achtzehn Kabinettsmitgliedern neun Frauen sind, dass von vierhundert oberen Positionen in der Verwaltung zweihundert weiblich besetzt und dass unter allen C4-Professoren im Lande fünfzig Prozent Professorinnen sind. Andererseits müssten von all den teils recht unbeliebten, mühseligen, repetitiven Haushalts- und Versorgungspflichten, die damals und derzeit zu circa 85 Prozent auf Frauenschultern lasten – auch dann, wohlgemerkt, wenn diese Frauen außer Haus berufstätig sind –, vom Putzen, Waschen, Essenkochen und Kinderwarten, die glatte Hälfte von Männern übernommen werden. Auch wäre die Arbeitslosigkeit nicht mehr wie bisher überproportional weibliches Schicksal.

Radikale Gleichheit hieße, dass jeder zweite Managerposten in der Wirtschaft mit einer Frau besetzt würde und dass von den siebzig Prozent der weiblichen Angestellten im Buchhandel, in der Grundschulpädagogik und im Pflegewesen zwanzig Prozent weichen müssten, um jungen Männern Platz zu machen. Es hieße, dass Frauen in öffentlichen Veranstaltungen genauso lange reden wie Männer und dass Männer nachts im Park genauso viel Angst haben wie Frauen. Es hieße, dass Väter öfter an ihre Kinder und Mütter öfter an ihre Laufbahn denken, dass Mädchen mehr boxen und Jungen mehr hüpfen, Opas unternehmungslustiger werden und Omas hypochondrischer.

Die absolute Symmetrie, die durchexerzierte Gleichheit, so viel wird schon nach kurzem Nachdenken klar, ist eine abstrakte und mechanische Lösung, sie wirkt nicht nur grau-theoretisch, sondern auch lebensfremd. Das heißt also: Es sieht so aus, als müsse die Gleichheit als praktisches Ziel frauenpolitischer Kämpfe und Forderungen sowie als Maßstab, an dem die Erfolge der Frauen zu messen seien, aufgegeben werden. Aber das hätte den Herren von der Bischofskonferenz und von der CDU so in den Kram gepasst! Einige der symmetrischen Utopien, die gerade genannt wurden, klingen doch gar nicht so schlecht. So ist zum Beispiel die Aussicht für Frauen, einmal paritätisch die wichtigsten Aufsichtsräte zu besetzen, ein Ziel, von dem frau sich schwerlich verabschieden mag. Und warum sollten sich Väter nicht tatsächlich öfter mal auf ihre Kinder besinnen und Mütter mehr Unterstützung erwarten dürfen, wenn sie beruflich vorankommen wollen – und müssen? Nein, es ist gar nicht so einfach, die Gleichheit als Strukturgeber feministischer Ansprüche und als Inspirator lebenspraktischer Utopien fallenzulassen. Wir brauchen sie – und selbst wenn wir eingesehen haben, dass sie nicht immer dazu taugt, neue frauenpolitische Ideen und Visionen aufzurufen, selbst wenn wir anfangen, sie zu kritisieren und in Gedanken wegzuschieben, werden wir erleben, dass sie ungefragt zurückkehrt und sich in unsere Urteile und Erwartungen einmischt. Wir werden sie so leicht nicht los.

So dachten und empfanden die Frauen Europas – die frauenpolitisch engagierten unter ihnen –, als sie zehn bis zwanzig Jahre nach Kriegsende die ersten Freuden und Zumutungen der Gleichheit rechtlicher Natur erfuhren. Die Debatte um Gleichheit und Differenz blieb der Frauenbewegung für den Rest des Jahrhunderts erhalten. Sie gab das intellektuelle Niveau vor, aber auch eine Leitlinie zur Diskussion der Praxis. Die Emanzipationsbewegung des späten 20. Jahrhunderts musste immer beides leisten: Sie hat auf Symmetrie bestanden, hat gründlich geprüft, wie weit sie kommt, wenn sie Parität in allen Zonen der Gesellschaft als Plansoll zugrunde legt. Sie hat, in einem zweiten Schritt, die Stellen markiert, an denen Symmetrie nicht möglich oder nicht wünschenswert ist. Das heißt, sie hat Gleichheit gefordert und doch auch die Differenz im Auge behalten, hat ihre eigenen Wünsche auf jene Ziele projiziert, welche die Männerwelt vorgibt, und hat, im Gegenzug, gelernt, *anderes* zu wollen – während sie doch auch konkurrierte.

Diese komplizierte Zweigleisigkeit versetzte feministische Politik in eine spezifische Spannung, die zeitweilig schwer durchzuhalten war. In solchen Momenten zählten Frauen die Positionen im höheren Management oder die C4-Professuren, stellten fest, dass sie nur zu einem lächerlichen Prozentsatz vertreten waren, und wussten nun, Sie waren mit ihrer Bewegung gescheitert. Oder aber sie verkündeten, dass die traditionellen Nischen weiblicher Produktivität, dass Familie, Kinder und Nachbarschaftshilfe nicht nur ehrbare Beschäftigungen, sondern für den weiblichen Teil der Welt die Erfüllung seien und dass Frauen sich im Wettkampf mit den Männern nur verausgabten und am Ende einsam verbitterten. Im einen wie im anderen Fall war die innere »Spannung« gerissen, die das Besondere der Neuen Frauenbewegung ausgemacht und sie in den Stand gesetzt hatte, Gleichheit und Differenz zusammenzudenken, das heißt weder auf die Teilhabe an sogenannter männlicher Macht noch auf die Ausbildung weiblicher Individualität zu verzichten. Aber nach den Phasen des Kleinmuts und Stillstands gab sich die Bewegung immer wieder selbst neuen Schwung.

In den 1950er und frühen 60er Jahren existierte sie noch nicht, aber der alte Maulwurf wühlte eben doch, und die durch die rechtliche Gleichstellung der Frauen entstandene Veränderung sorgte für Unruhe an der Geschlechterfront. Als es rechtens geworden war, dass Frauen über ihr Einkommen selbst verfügen konnten, hagelte es polemische Kommentare – nicht nur in den Parlamenten, auch in der Presse. Ein komisch gemeintes Fotomotiv zeigte eine schicke Dame, die Geld zählt, neben ihr ein trauriger Herr mit leeren Händen. Text: »Nun wird der Ehemann sich wohl ab und zu ein Darlehen von seiner Frau erbitten müssen.«

1958 war die Gesellschaft noch nicht so weit, um darauf schlicht mit »Na und?« zu antworten. Ein Gatte, der um Geld bittet, war ganz einfach ein Graus. Und die Frau, die es verdiente, war nicht besser. Hatte doch Papst Pius XII. gerade erst verkündet: »Das Haus, in dem die Frau die Königin ist, bildet das Zentrum und die Stätte ihres hauptsächlichen Wirkens.« Aber die Gesetzeslage hatte sich geändert. Die bürgerliche Politik hatte sich in so manchen Punkten von den Kirchen – und damit auch von der Tradition im Geschlechterverhalten – losgekoppelt.

Es versteht sich, dass es in der Bundesrepublik vor allem die CDU war, die hier gegensteuerte. 1953 wurde das Familienministerium gegründet. Geprägt hat es bis zu seinem Ausscheiden 1962 der CDU-Minister Franz-Josef Wuermeling. Dieser Mann liebte kinderreiche Familien mit Hausfrauen-Müttern und propagierte das Auslaufmodell, wo er konnte. Mütter, wie er sie wollte, sollten keinesfalls arbeiten gehen. Um sie davon abzuhalten, entblödete Minister Wuermeling sich nicht, den Antikommunismus zu bemühen. Denn »es würde damit dieselbe Ordnung verwirklicht werden, wie sie bereits in den Ländern östlicher Prägung herrscht.« Im Klartext: Die erwerbstätige Frau arbeitet dem Gottseibeiuns, sprich: dem Kommunismus in die Hände. Das war keineswegs bloße Polemik, sondern tiefste Überzeugung. Es gab aber auch einen starken Gegenpol zum Hausfrauentum, und das war ein gieriger Arbeitsmarkt, der damals gar nicht genug willige Kräfte vorfinden und aufsaugen konnte und gerne die billigen weiblichen nahm.

Werbung aus dem Jahre 1961

Die Polemik der Konservativen gegen die auf- und ausbrechenden Frauen wandte sich gegen die »ganze Richtung« der Frauenrechtlerei, die als Ideologie verworfen wurde. Dabei setzte man »Ideologie« mit den Welterlösungsvisionen des Sozialismus gleich sowie mit dessen Neigung, zur Gewalt zu greifen, wenn die Welt sich nicht erlösen lassen wollte. War und ist der Feminismus in diesem Sinne eine Ideologie? Nur selten haben Frauen Gewalt angedroht, um ihre Ziele durchzusetzen – und selbst wenn sie es taten, wie beispielsweise die englischen Suffragetten, spürte doch die männliche Hälfte der Menschheit, dass solche Drohung leer bleiben musste, da sich das globale Gewaltmonopol in den Händen der Männer befand und befindet: Hier endet jegliche Symmetrie. Weil der Frauenbewegung im Ernstfall die scharfen Waffen fehlen und weil sie das trotz ihrer manchmal martialischen Terminologie auch selbst weiß, war sie immer eine reformerische, konstitutionelle, auf gleiches Recht und vernünftige Gesetzgebung statt auf Gewaltmittel zielende politische Kraft. Sollte sie also ideologisch unterlegt sein, so ist diese Ideologie zwar streitbar, aber nicht armiert, zwar – in ihrem Gleichheitsverlangen – radikal, aber doch verhandlungsbereit, einseitig, aber kompromissfähig. Die Fahne der Gleichheit, ob nun ein »ideologisches« Instrument oder nicht, wird noch lange nicht eingerollt werden können.

Ältere Zeiten kannten eine allgemein akzeptierte Antwort auf die reale Asymmetrie der Geschlechter: die Ritterlichkeit. Frauen sollten als das mit Körperkräften weniger großzügig ausgestattete Geschlecht von den überlegenen Männern geschützt werden: vor den Unbilden der Witterung, vor den Tieren der Wildnis und vor möglichen Übergriffen anderer, fremder Männer. Lange Zeit hat ein allgemeiner Konsens das Konzept der Ritterlichkeit getragen und weitervererbt, und in den 1950er Jahren wurde es noch einmal kraftvoll reanimiert. Aber schon im vorvergegangenen Jahrhundert war es mit der industriellen Revolution zu einer radikalen Entwertung der physischen Überlegenheit der Männer gekommen und so auch zu einer Erosion des Konzepts von der natürlichen Asymmetrie. Im Zeitalter des Hebekrans und des Verbrennungsmotors machte Körperkraft miteins nichts mehr her. Die männliche Muskulatur wurde ersetzbar, die Frau damit funktionell gleichartig.

Das war neu. Die Geschlechtermoral musste also ebenfalls neu gefasst werden. Noch bevor die Frauen begriffen hatten, welche Chancen ihnen die Moderne bot, überlegten die Männer bereits, wie sie den Drohungen der Egalität begegnen könnten. Ihre durch Ritterlichkeit auszugleichende Überlegenheit, die sich ursprünglich nur auf Körperkraft bezogen hatte, wurde nun umdefiniert. Man erfand eine *geistige* Überlegenheit, die es vordem, da man die intellektuellen Potenzen von Mann und Frau für so verschieden hielt, dass man sie kaum verglich, in dieser Weise nicht gegeben hatte. Aus dem anderen wurde das *defizitäre* Geschlecht; Frauen, hieß es, seien misslungene Männer. Vor allem ihre Gehirne wollten im Grunde gerne genauso funktionieren wie die der Männer, nur klappte es nicht, denn es fehlte an Masse. Das naturwissenschaftliche Zeitalter hatte Messmethoden und Maßeinheiten zur Verfügung gestellt, jetzt musste man nur wiegen und einordnen, und fertig war die Frau als Schrumpfform des Mannes. Was bei der Muskulatur noch Sinn gehabt hatte, der quantitative Vergleich, wurde auf kognitive Leistung übertragen und hier im Schnellverfahren einer Asymmetrielösung zugeführt, die es in sich hatte. Frauen seien dümmer, deshalb hätten sie einen Vormund nötig.

Mitleid und paternalistische Herablassung stellten sich jetzt (wir haben uns ans Ende des 19. Jahrhunderts zurückgebeamt) ein, wenn das männliche dem weiblichen Geschlecht begegnete. Der Mann sah seine Aufgabe als Gatte und Familienvorstand darin, die Frau praktisch und moralisch auf die menschliche Höhe zu heben. Die Frauen rebellierten, die weiterentwickelten wissenschaftlichen Messmethoden standen ihnen bei – wir wissen heute: Es gibt in männlichen und weiblichen Hirnen verschiedene Häufungen unterschiedlicher Begabungen, in der Summe jedoch und im Durchschnitt können die Leistungen beider als gleichwertig eingestuft werden. Fazit: Nachdem die physische Stärke der Männer in der technischen Zivilisation zu einer rein ästhetischen Valenz herabgesunken oder zu ihr aufgestiegen ist, wie man will, hat auch die Idee von der Intellektualität des Y-Chromosoms abgewirtschaftet. Das heißt, die Zonen, in denen die Geschlechter auch ihre Natur und ihre Charaktere nach der symmetrischen Struktur auslegen dürfen, nehmen zu. Man kann der Ritterlichkeit, die höchstens als Zitat oder Spiel überlebt, Mitleid und Herablassung hinterherschicken, und wo Männer dazu noch nicht bereit sind, helfen die Frauen nach. Ihre Emanzipation jedenfalls hat auch diesen Sinn: ein Klima herzustellen, in dem die Geschlechter einander ohne Überheblichkeit und ohne Unterwürfigkeit in einem mutuellen Respekt so begegnen, dass keines vorab unter- oder überbewertet wird. Bei diesem Versuch, mit Vorurteilen, Benachteiligungen und Privilegien aufzuräumen, ist Gleichheit als Prinzip dann wieder unbedingt zuständig.

Zu den Leistungen, welche die Emanzipation beiden Geschlechtern abverlangt, gehört es aber auch, die *Abweichungen* vom symmetrischen Modell nicht als Ausnahme, sondern als Besonderheit zu verstehen und ihnen eigene Gesetze zuzubilligen. Also: Der Mutterschutz darf nicht geopfert werden, die Arbeitgeber müssen sich den Erfordernissen der Reproduktion der Gattung anpassen. Wir müssen gleichen Lohn für gleiche Arbeit fordern und auch bekommen und trotzdem wissen, dass es gar keine gleiche Arbeit gibt, das heißt, dass in letzter Instanz die Arbeitsleistungen verschiedener Individuen auch des gleichen Geschlechts immer voneinander abweichen werden. Bis jetzt ist die Tatsache der Asymmetrie dazu benutzt worden, den Frauen gleichen Lohn vorzuenthalten; ja, die Konservativen und Antifeministen, die Gleichheitsforderungen wegen der Gefahr der (kommunistischen) Gleichmacherei ablehnen und in der Differenz zuerst einmal das hergebrachte Privileg verteidigen, machen sich über die Symmetrievorstellungen der Emanzipation lustig, indem sie auf den unwandelbaren Andersartigkeiten von Männern und Frauen bestehen – um im gleichen Atemzug aber mit Gleichheit zu operieren, wenn es ihnen gefällt, Frauen als Beamtinnen beim Dienst am Staat oder als Versorgerinnen im Scheidungsrecht mit den Männern gleichziehen zu lassen.

Unsere Sinne lehren uns, dass die Geschlechter verschieden sind und dass aus dieser Verschiedenheit nichts weniger entspringt als Lust und Leben. Unser Verstand und unser Verständnis lehren uns, dass die Geschlechter gleiche Chancen brauchen und dass sie, wenn sie an funktionell identischen Arbeitsplätzen sitzen, auch den gleichen Lohn erhalten sollen. Es gab immer wieder, auch schon in den 1960er Jahren, von Gewerkschafts-Frauen initiierte Versammlungen, um gleichen Lohn durchzusetzen, darunter auch internationale Kongresse. In den USA wurde 1963 der Equal Pay Act verabschiedet. Dass durchgreifende Änderungen dennoch nie erfolgt sind, gehört zu den Mysterien der Frauenunterdrückung. Besonders wenn man bedenkt, dass es sich hier ja nicht um eine subtile

Equal Pay Act: Dieses Gesetz versuchte, die Lohnfindung von der Person der/des Lohnabhängigen zu lösen und über die Arbeitsplatzbeschreibung zu objektivieren. Entlang der fünf Faktoren Skill (Könnenschaft), Effort (körperliche/geistige Leistung), Responsibility (Verantwortung), Working Conditions (Arbeitsbedingungen) und Establishment (Art der Einrichtung, des Arbeitsplatzes) sollte der Lohn geschlechtsunabhängig gestaltet werden. In der Praxis scheitern solche Versuche immer wieder an der für den Kapitalismus konstitutiven Freiheit der Lohnverhandlung.

Beruf	Durchschnittliches Bruttomonatseinkommen* in €		
	Männer	Frauen	Abstand Frauen- zu Männereinkommen in %
Bankkaufmann/-frau	3.752	3.028	-19,3
Buchhalter/in	3.361	2.535	-24,6
Bürokaufmann/-frau	2.443	2.097	-14,2
Callcenter Agent/Callcenter Operator	2.237	1.736	-22,4
Chemielaborant/in	3.140	2.625	-16,4
Disponent/in	2.406	2.214	-8,0
Einkäufer/in	3.198	2.592	-18,9
Filialleiter/in	2.850	2.191	-23,1
Informatiker/in	4.025	2.403	-15,5
IT-Berater/in	4.120	2.766	-8,6
Kellner/in, Servierer/in	1.582	1.445	-8,6
Marketingfachkraft	3.665	2.919	-20,3
Maschinenbauingenieur/in	4.293	3.660	-14,7
Redakteur/in	3.657	2.932	-19,8
Sozialarbeiter/in, Sozialpädagoge/in	3.021	2.547	-15,7
Speditionsangestellte/r	2.631	2.084	-20,8
Technische/r Zeichner/in	2.473	2.234	-9,7
Verwaltungsfachangestellte	2.775	2.691	-3,0
Webdesigner/in	2.519	2.184	-13,3

* Durchschnittliches Bruttomonatseinkommen ohne Zulagen/Zuschläge und Sonderzahlungen
Quelle: WSI vom 5. März 2008

Die öffentlich einsehbaren Daten des WSI-Frauenlohnspiegels sollen dazu beitragen, mehr Transparenz bei Löhnen und Gehältern zu schaffen.

Diskriminierung, sondern um eine grobe, durch die Klarheit der Zahlen belegbare Ungerechtigkeit handelt.

Die Männer der Restauration im Nachkriegseuropa besannen sich auf ihre »Projektion«, auf die Rolle, die Frauen in ihrem Leben zu spielen hatten, und sie fürchteten, ein Sieg der Gleichheit könne die Begegnung der Geschlechter da beeinträchtigen, wo sie sich mit der größten Neugier und dem stärksten Magnetismus aufeinander zugetrieben fühlen: im Feld von Liebe und Leidenschaft. Dieses Feld selbst, hieß es, werde mit den Zeichen und Maßen der Symmetrie nie zu erobern, höchstens zu zerstören sein. Was ist daran triftig?

Zunächst einmal haben schon vor 150 Jahren die Philanthropen gebarmt und behauptet, eine Frau, die verschwitzt nach Feierabend aus der Fabrik stolpere, könne nimmermehr die begehrlichen Blicke eines Mannes auf sich ziehen. Seit *Carmen* wissen wir, dass das einfach nicht wahr ist. Auch dass der kollegiale Umgang im Büro die Erotik abtöte, hat sich als unbegründete Befürchtung herausgestellt. Und bald wird die nächste Chimäre, die Idee nämlich, eine Chefin könne von ihren Untergebenen niemals sexy gefunden werden, durch *massenhafte* Gegenbeispiele vertrieben werden. Na klar, die Männer müssen sich erst daran gewöhnen, dass das Objekt ihrer Begierde sozial nicht mehr automatisch unter ihnen steht. Doch wenn ihnen das gelungen ist, werden sie leicht erkennen, dass Erotik in all ihren Spielarten viel zu vital ist, als dass eine so äußerliche Angelegenheit wie ein Wandel im sozialen Status ihrer Agenten sie beschädigen könnte.

Gibt es Symmetrie in der Liebe? Man stößt sich daran, einen Begriff, der aus der Geometrie stammt, auf ein Gefühl oder einen Zustand zu beziehen, in dem Herz und Sinne regieren. Aber es mag dennoch hier konstatiert werden, dass Sex und Liebe geradezu als Refugien der Egalität verstanden werden können. Zwar hängt das Glück, das Liebende einander schenken, davon ab oder damit zusammen, dass sie verschieden sind, aber die Freuden, die sie beieinander suchen, die Erfüllung, die ihnen zuteilwird, und die Leiden, ohne die es selten abgeht, stellen sie dann wieder unter symmetrische Bedingungen. Denkt man sich die sozialen Hürden weg, die es dem weiblichen Teil eines Liebespaares in der Vergangenheit so viel schwerer gemacht haben, nur an die Liebe zu denken und nicht auch an Rang und Geld, so wird man feststellen, dass die Liebe eines der Felder ist, auf denen Männer und Frauen sozusagen von Natur aus gleiche Bedingungen vorfinden.

Aber die Emanzipationsbewegung hat sich bei diesem schönen George-Sandismus nicht lange aufgehalten. Sie hat einen Aspekt aus der Geschlechterbeziehung herausgegriffen, bei dem seit je die krasseste Ungleichheit herrscht: die ungewollte Schwangerschaft und ihr Abbruch. Die Neue Frauenbewegung entzündete sich am Abtreibungskonflikt.

»Frauen erhebt euch, und die Welt erlebt euch.«

Die Neue Frauenbewegung

1971. Eine junge Berliner Studentin, nennen wir sie Jutta F., entdeckt, dass sie schwanger ist. Ihr Studium der Biologie hat sie gerade erst begonnen, sie möchte später in die Forschung. Ihr Freund Niels studiert Sport, er will Lehrer werden. Jutta ist seit drei Jahren mit ihm zusammen, und sie empfindet jetzt, wo sie an die Nacht denken muss, in der sie wahrscheinlich schwanger geworden ist, umso peinvoller, dass sie in Niels nicht wirklich verliebt ist. Anfangs nahm sie die Antibabypille, sie war dankbar, dass es dieses zuverlässige Mittel der Empfängnisverhütung gab und dass es ihr von der Frauenärztin anstandslos verschrieben wurde. Aber dann stellte sie fest, dass ihr die Hormone nicht bekamen. Sie nahm zu und wurde immer lustloser. Irgendwann ließ sie die kleinen rosa Dragees einfach weg und blühte auf. Aber jetzt stellte sich das Verhütungsproblem neu.

Frau verteilt Flugblätter, Berlin 1968

Es gibt für Jutta keinen Zweifel: Sie wird diese Schwangerschaft abbrechen. Kinder will sie irgendwann bekommen, aber nicht jetzt und nicht mit diesem Mann. Er ist nicht der Richtige. Warum bloß habe ich so lange an ihm festgehalten?, fragt Jutta sich. Kurz nachdem sie sich kennengelernt hatten, fuhr Jutta nach Bonn, um beim Protest gegen die Notstandsgesetze dabei zu sein. Niels kam nicht mit, ihm war der Weg zu weit. Und auch als die Demonstration gegen den Krieg der USA in Vietnam anstand, drückte er sich. Schon damals ging Jutta innerlich auf Abstand. Warum zog sie nie die Konsequenz? Jetzt ist sie schwanger, und auch Niels wird keinen Rat wissen, das ist ihr klar. Er wird das Kind vielleicht sogar haben wollen. Was soll sie bloß tun?

Jutta entdeckt einen neuen Affekt in ihrem Gemüt: *Wut*. Sie legt sich die Hand auf den Bauch. Dies hier ist mein Körper, denkt sie, und es ist mein Leben, das vor mir liegt. Ich allein entscheide, ob und wann ich ein Baby will und mit wem ich es zeuge. Ich allein entscheide, mit wem ich mein Leben teile und wer darin eine Rolle spielt. Warum wollen lauter Fremde mir da reinreden? Niels, den ich nicht mehr liebe, die Kirche, an deren Gott ich nicht glaube, das Gesetz, das ich nicht gemacht habe, der Staat, der mich zwingen will, gegen mein Gefühl zu handeln? Etwas ist faul im Staate Deutschland …

Am Ende der 1960er Jahre war die Abtreibung in ganz Westeuropa verboten. Zuwiderhandlungen wurden mit Gefängnis bestraft. In Osteuropa war man einen Schritt weiter. Hier gab es modifizierte Freigaben des Abbruchs im ersten Drittel der Schwangerschaft – die sogenannte Fristenlösung, die sich allerdings weniger am Selbstbestimmungsrecht der Frauen als an bevölkerungspolitischen Rücksichten orientierte. Im katholischen Frankreich sah es kaum so aus, als könne es bald zu einer Liberalisierung kommen. Die junge Frauengeneration aber, im Bündnis mit den aktiven Teilen der älteren, empfand wie die Studentin Jutta einen tiefen Groll über die Entmündigung, die im Abtreibungsparagraphen steckte. Sprachen doch Kirche und Staat den Frauen das Recht auf eine selbstgewählte Lebensführung ab, wenn sie sich erdreisteten, sie zur Mutterschaft zu zwingen. 1971 unterschrieben 343 Französinnen ein Manifest, in dem sie sich dazu bekannten, abgetrieben zu haben. 1973 folgte eine ähnlich hohe Anzahl von Ärzten mit demselben Bekenntnis. Der Fall eines 16-jährigen Vergewaltigungsopfers, das abgetrieben hatte und angezeigt worden war, ging durch die Presse und veranlasste machtvolle Demonstrationen von Frauen. Die Politik musste reagieren.

Im Jahr 1975 kam es in Frankreich zu einer Legalisierung des Schwangerschaftsabbruchs bis zur zehnten Woche. Ferner errangen die Frauen in Österreich, England, den Niederlanden und Luxemburg eine faktische Straffreiheit der Abtreibung. In Italien, dem Land des Papstes, in dem die katholischen Wurzeln besonders tief reichten, wurden 1974 in Florenz die Gründerinnen einer Klinik, die Abtreibungen vornahm, verhaftet, woraufhin sich tausende Frauen spontan zu Protestmärschen versammelten: Zehntausend waren es in Florenz, ein Jahr später zwanzigtausend in Rom, ein weiteres Jahr später fünfzigtausend in der Ewigen Stadt. Eine halbe Million unterzeichnete den Antrag für eine Volksabstimmung in dieser Frage. Zeitgleich wurde die in Italien immer noch erschwerte Scheidung erkämpft, vorneweg: die Frauen. Die Kirche hielt unter Aufbietung all ihrer finanziellen und propagandistischen Mittel dagegen – und unterlag. Die Scheidung wurde rechtlich ermöglicht, die Abtreibung entkriminalisiert. Das Freiheitsverlangen der Frauen, ihr Bedürfnis, über ihren Körper und ihre Lebensführung selbst zu bestimmen, hatte sich gegen die machtvollen männerdominierten Institutionen Kirche und Staat behauptet. Damals entstand der Slogan »Mein Bauch gehört mir.« Er wäre zu ergänzen durch die Parole: »Frauen erhebt euch, und die Welt erlebt euch.«

Wie sah es in Deutschland aus? Dort hatten sich während der Studentenbewegung in den späten 1960er Jahren kritische Frauen zusammengefunden, die in den allfälligen Debatten über Herrschaft und Unterdrückung den Frauenaspekt vermissten. Sie lasen Simone de Beauvoirs *Das andere Geschlecht* und Betty Friedans *Weiblichkeitswahn*, der die Hausfrauisierung der Amerikanerinnen geißelte, und kamen zu dem Schluss, dass, wenn schon die Befreiung der Kolonien, der Dritten Welt, des Vietcong, der Schwarzen in Amerika, der randständigen, unterprivilegierten Gruppen in Europa auf der Tagesordnung stünde, die Emanzipation der Frauen auf dieser Liste ganz nach oben gehöre. Kampflustig und selbstbewusst pfiffen

Die Autorin **Betty Friedan** (1921–2006) wurde weltberühmt durch ihren Bestseller *Der Weiblichkeitswahn* von 1963. Dieses Buch zerstörte den Mythos von der Frau als stolzer Gattin, die sich im permanenten Hausputz selbst verwirklicht. 1966 gehörte Friedan zu den Gründerinnen der National Organization for Women (NOW), wurde auch deren Vorsitzende. Ihre Emanzipationsvorstellungen zielten auf einen Kampf Seite an Seite mit dem Mann, nicht gegen ihn.

diese Frauen auf Parteien, Verbände, Gewerkschaften, Parlamente und wer sonst noch ihre Anliegen zu verschleppen gewohnt war und riefen aus, was als »autonome« und als Neue Frauenbewegung in die Geschichte des späten 20. Jahrhunderts eingehen sollte.

Sie gründeten – nach dem Vorbild insbesondere der Amerikanerinnen, aber auch der Engländerinnen und Skandinavierinnen – massenweise Frauengruppen, in denen sie sich über ihre Lage austauschten, ferner Frauencafés, Frauenbuchläden, Frauenreisebüros, Frauenzeitschriften, Frauenberatungsstellen, Frauenferienhäuser, Frauenweiterbildungszentren und anderes mehr. Der Zulauf war enorm. Zu den meisten dieser Institutionen hatten nur Frauen Zutritt. So entstand endlich flächendeckend das, was sich zwei Generationen zuvor nur ausnahmsweise an den Tanzschulen oder im Lette-Verein hatte herausbilden können: ein weibliches Milieu. Ein Diskussions- und Aktionszusammenhang, in dem Frauen ungestört von der Irritation durch männliche Konkurrenz (und der weiblichen Konkurrenz um den Mann) über ihre Lage, ihr Leben, ihren Ehrgeiz, ihre Träume, ihre Ängste – kurz: über ihr Schicksal und ihren Wunsch, es zu ändern, reden konnten. Es

Eine Anti-BH-Demonstration am 5. August 1969 in Chicago. Die Polizei schreitet ein, nachdem die Frauen BHs in einen Fluss geworfen haben. Sie erhalten Strafmandate wegen Gewässerverunreinigung. Sich des BHs zu entledigen, galt als symbolischer Befreiungsakt von gesellschaftlichen Zwängen.

blieb nicht beim Reden. Viele Frauen lösten sich aus erstarrten Ehen, zogen mit Freundinnen in Frauenkommunen, verdienten eigenes Geld in einem Frauenverlag und nahmen das einst wegen Heirat abgebrochene Studium wieder auf. Der Wind der Freiheit wehte durchs Land und schuf eine Stimmung, in der es leichtfiel, überständige Fesseln loszuwerden.

Jutta F. in ihrer Not las am Schwarzen Brett ihres Instituts einen Zettel, der Frauen aufforderte, zu einem Treffen zu erscheinen. Man wollte darüber reden, wie auf die offen Frauen herabsetzenden »Witze« des Herrn Professors zu reagieren sei. Jutta F. ging hin und hörte zu, ging wieder hin und lernte Frauen kennen. Mit ihnen gründete sie eine Selbsterfahrungsgruppe. Und sie verliebte sich in eine von ihnen. Sie erhielt Tipps und Instruktionen über Fahrten nach Holland, die von hilfreichen Frauen organisiert wurden, um ungewollt Schwangeren im liberalen Nachbarland zu einem legalen Abbruch zu verhelfen. Sie trennte sich von Niels und stieg in den Bus nach Holland – in dem schon ihre Freundin wartete, die mitkommen und nach dem Eingriff ihre Hand halten wollte.

Im Jahre 1971 erlebte auch die Bundesrepublik ihre große Kampagne gegen den Paragraphen 218. Die frauenpolitisch engagierte Journalistin Alice Schwarzer, die später, 1977, die Frauenzeitschrift *Emma* gründete, begab sich auf die Spur der französischen Schwestern und initiierte eine von vielen prominenten Frauen unterstützte Selbstbezichtigung, die mit 374-fachem Bild und Bekenntnis »Ich habe abgetrieben« in der Illustrierten *Stern* erschien. Alle radikalen Feministinnen – und in der autonomen Bewegung gab es kaum andere – forderten die ersatzlose Streichung des Paragraphen 218. Dennoch hätte frau auch eine Fristenlösung als Schritt in die richtige Richtung akzeptiert. Und so war die Erleichterung groß, als der bundesdeutsche Gesetzgeber 1974 tatsächlich eine entsprechende Reform verabschiedete. Die CDU jedoch bezeichnete das neue Gesetz als verfassungswidrig

Alfred Charles Kinsey (1894–1956) hat als studierter Zoologe und Sexualforscher das sexuelle Verhalten des Mannes und das sexuelle Verhalten der Frau in gleichnamigen Studien empirisch untersucht und Ergebnisse erzielt, die erst die amerikanische Gesellschaft und dann die europäische Öffentlichkeit aufwühlten. Es zeigte sich, dass Bisexualität weit verbreitet ist und Masturbation keineswegs schadet. Der **Kinsey-Report** erschien in Deutschland 1954/55 und bereitete den Boden für die »sexuelle Revolution« der 60er Jahre.

und stoppte sein Inkrafttreten über das Bundesverfassungsgericht. Diesmal stellte sich das Gericht nicht auf die Seite der Frauen. Es formulierte 1975 in seinem Urteil zugunsten der katholischen Beharrungskräfte: »Das sich im Mutterleib entwickelnde Leben steht als selbständiges Rechtsgut unter dem Schutz der Verfassung und hat auch Vorrang vor dem Selbstbestimmungsrecht der Frauen.« Die Feministinnen mussten diese Bataille verloren geben. Die Indikationsregelung, die 1976 an die Stelle der Fristenregelung trat, fasste allerdings die Ausnahmesituation, in denen eine Schwangere doch straffrei abtreiben durfte, recht weit. In Sonderheit die Notlagenindikation ließ sich großzügig interpretieren, sie schloss Jutta F.'s Lage, die psychische und lebensplanerische Ablehnung der Mutterschaft, ein. Und dank der »Pille« und anderen frei erhältlichen Verhütungsmitteln, dank der Intensivierung der Sexualaufklärung, die maßgeblich von der autonomen Frauenbewegung vorangetrieben wurde, kam es jetzt sehr viel seltener zu menschlichen Katastrophen und Todesfällen im Zusammenhang mit einer unerwünschten Schwangerschaft als in den Dekaden zuvor.

Diesen Fortschritt empfanden die mobilisierten Frauen durchaus. Aber sie wollten ja mehr als eine praktikable Familienplanung. Sie verlangten das Selbstbestimmungsrecht über ihren Körper – so wie es eine Bekanntmachung weitblickender Ärzte und Ärztinnen 1973 formuliert hatte: »Der Zwang zur Mutterschaft ist ein schwerwiegender Eingriff in das Leben einer Frau und eine Verletzung der elementaren Menschenrechte.« Die Schmach der Bevormundung empfanden die Frauen doppelt, als im Jahre 1992 der umkämpfte Paragraph erneut zur Debatte stand, weil nach der Wiedervereinigung der beiden deutschen Staaten eine einheitliche Gesetzeslage gefunden werden musste. Konnte die (aufgelöste) DDR ihre fortschrittliche Fristenlösung an die Bundesrepublik weiterreichen oder mussten sich die »neuen Bundesländer« dem westlichen Indikationsmodell beugen? Die Partei der Grünen bestand (als einzige) auf der ersatzlosen Streichung des Paragraphen. Das Parlament jedoch beschloss wie 1974 eine Fristenlösung (mit einer die Frauen düpierenden Beratungspflicht), abermals intervenierten (katholische) Reformgegner, der Freistaat Bayern rief das Verfassungsgericht an. Abermals kippte das Gericht die Neufassung des Paragraphen. Drama und Farce der 70er Jahre wiederholten sich. Tief enttäuscht erkannten die Frauen, dass die männliche Herrschaft über ihren Körper noch nicht gebrochen war. Sie wussten aber auch: »Der Kampf geht weiter.« Es folgten die großen Kampagnen gegen den Skandal der Vergewaltigung, der sexuellen Belästigung am Arbeitsplatz, des Inzests, der Kriminalisierung und Marginalisierung der Homosexuellen und der überall spürbaren Verharmlosung männlicher Gewalt gegen Frauen. Vergewaltigung in der Ehe wurde ein Thema – und erst 1997 in der Bundesrepublik als Delikt ahndbar.

Zu fragen wäre, wie und warum die jungen Frauen der 70er und 80er Jahre zu einer solchen radikalen Körperpolitik in der Lage waren, woher sie die Kraft schöpften, diese Kampagnen »autonom«, das heißt ohne eine potente Organisation im Rücken, anzuschieben und durchzuhalten? Häuser für geschlagene Frauen aufzubauen, Achtung vor der lesbischen Liebe einzufordern, Notrufe für Vergewaltigungsopfer einzurichten und eine Analyse der gerichtlichen Prozeduren durchzusetzen, die die Beweislast dem Opfer eines sexuellen Übergriffs aufbürdeten anstatt dem Schänder? Und all das durchaus mit Erfolg?

Die Antwort lautet: Das, was man später unter dem Rubrum »Individualisierung« zusammenfasste, begann sich jetzt als wichtige soziale Wandlung in den westlichen Gesellschaften abzuzeichnen: eine nachhaltige Lockerung von Familienbanden und religiösen Ligaturen, ein Sich-Besinnen der Menschen auf ihre ureigenen Fähigkeiten und Wünsche. Juttas Mutter hatte bei ihrer ersten Schwangerschaft noch gedacht: Gott will es so. Mein Los auf dieser Erde will es so. Der Staat will es so. Meine Familie will es so. Und rasch mit dem wenig geliebten Erzeuger eine Ehe geschlossen. Was *sie* wollte, danach fragte nicht einmal sie selbst. Jutta kam zur Welt. Und sie, die Tochter, sieht nach einem Vierteljahrhundert alles anders. Sie wird schwanger und weiß: *Ich will es nicht.* Und sie handelt. Weder dem Staat noch dem Pfarrer noch der eigenen Mutter und schon gar nicht dem wenig geliebten Erzeuger billigt sie ein

Mitspracherecht zu. Wie sie empfinden Millionen Frauen in der gesamten westlichen Welt. Die alten Bindungen samt der in sie eingelassenen Bevormundung haben ihre Kraft, zu bedrücken und zu bedrohen und Realität zu schaffen, verloren. Und die Frauen sind bereit, mit der Freiheit auch die Verantwortung für ihr eigenes Leben anzunehmen.

Die letzten Dekaden des 20. Jahrhunderts erzeugen denn auch in Amerika und Europa ein klares Bewusstsein vom neuen Selbstwertgefühl der Frauen und von ihrem Recht, gegen Männergewalt, sexuelle Übergriffe und Gängelung, die sich so lange im Halbdunkel der Privatsphäre erhalten haben, aufzustehen. Kleinlaut stellen die Männer (die verständigen unter ihnen) in diesen Ländern ihre wohlfeile Polemik gegen das zickige Weibervolk ein und anerkennen die quälende Asymmetrie in der Körperpolitik, deren Kern sich kurz fassen lässt: »Könnten Männer schwanger werden, hätte es nie einen Abtreibungsparagraphen gegeben.« An den Kämpfen der autonomen Frauenbewegung beteiligen sich immer mehr Männer.

Alice Schwarzer, die wichtigste Wegbereiterin der Neuen Frauenbewegung in Deutschland, wurde 1942 geboren, ist von Beruf Journalistin und gibt die Frauenzeitschrift *Emma* heraus. Sie hat sich durch die Kompromisslosigkeit ihres Denkens und Handelns und ihr kämpferisches Temperament nicht nur Freunde gemacht (Vorwurf: »Männerfeindin«), die deutsche Öffentlichkeit aber hat ihre Forderungen nach Streichung des Paragraphen 218 und ihre Kampagnen gegen Prostitution und Pornographie aufgeschlossen verfolgt. Die Feministin ist Trägerin des Bundesverdienstkreuzes.

Die Sexualität, von George Sand schon in vorsichtiger Umschreibung auf die Agenda gesetzt, in den 1920er Jahren von den lesbischen Heroinen der Frauenstadt Paris und der Theaterstadt Berlin durch das Beispiel der offenen Abweichung ins Bewusstsein gehoben, wird jetzt das große Thema. Der Kinsey-Report ist erschienen, Aufklärer Oswald Kolle dreht seine Filme, die Antibabypille ist für den Massenkonsum verfügbar – die Kirchen haben ihre Prärogative in Fragen des ehelichen (und außerehelichen) Liebesglücks an die Welt verloren. Niemand hindert Frauen und Männer, laut und deutlich und – je nachdem – mit Lust oder Abscheu über das zu sprechen, was jede und jeden interessiert: ihre Sexualität. Der Körperdiskurs erhält einen geschlechterpolitischen Index, und er wird ihn bis in das nächste Jahrtausend hinein nicht mehr verlieren. Die sogenannte sexuelle Revolution ist von vornherein ein frauenpolitischer Topos.

Alice Schwarzer veröffentlicht ihr Buch *Der kleine Unterschied und seine großen Folgen.* Diese Streitschrift löst, zusammen mit de Beauvoirs Werk und anderen Publikationen aus den USA, Holland und Skandinavien, in den Selbsterfahrungsgruppen eine Debatte darüber aus, ob der sexuelle Akt, so wie er unter männlicher Regie stattfindet, Frauen überhaupt echte Befriedigung schenken könne. Frau informiert sich über ihr komplexes Geschlechtsorgan, das interessanterweise kaum erforscht ist. Sie lernt sich selbst und ihr Lustzentrum, ihr Körperglück kennen – oder sie erahnt es. Diese Bewusstwerdung der Frauen und mit ihr der Anspruch auf sexuelle Erfüllung *ohne* den erdrückenden Kontext von Ehe, Mutterschaft und Bevölkerungsentwicklung, fällt in diese Zeit, und er kann in seiner Bedeutung für die »Individualisierung« der Frau, für die letzten entscheidenden Schritte zur Emanzipation, kaum überschätzt werden. Viele Feministinnen wenden sich in dieser Phase Frauen als Liebhaberinnen zu. Die Lesbierinnen mit ihrem Wissen um die Lust der Frauen und ihrem Anspruch auf Achtung ihrer Neigung waren hochwichtig für die Bewegung. Sie brachten ihr zwar auch die Gefahr ein, in die Minoritäten-Ecke abgeschoben zu werden, aber alles in allem waren ihre Beiträge fruchtbar. Viele der neuen, phantasievollen und theatralischen Methoden, in die Öffentlichkeit hineinzuwirken (Umzüge, Verkleidungen, Cartoons, »Speak out«), stammten von ihnen oder wurden durch sie verbreitet. Ebenfalls effektvoll für die Bewegung – nach innen und nach außen – waren die Nachtmärsche der Italienerinnen durch die Städte im Jahre 1976; hunderttausende nahmen an diesen Zügen teil, »um die Nacht zurückzuerobern«. In Deutschland folgten ab 1977 die »Walpurgisnächte«. Hier begann eine Politik, die in Nachttaxis, Frauenparkplätzen und Aktionen wie »Frauen nehmen Frauen mit« mündete.

Die autonomen Feministinnen wussten sehr gut, dass sie die Durchschlagskraft ihrer Aktionen durch Anbindung an – nicht Unterordnung unter – eingeführte Großorganisationen wie Partei-

Der Volksaufklärer **Oswalt Kolle** (geb. 1928), wie er sich selbst nannte, begegnete der sexuellen Verklemmtheit der 1950er und frühen 1960er Jahre mit einem offenen Bekenntnis zur Lust am erotischen Spiel und am sexuellen Vollzug. Er schrieb Bücher und drehte Filme (*Deine Frau, das unbekannte Wesen*), die zu mehr Freiheit und Phantasie im Bett anregen sollten. Besonders die Frauen verdanken seiner Aufklärung einiges. Sein Motto: »Liebe kann man nicht lernen. Sexualität muss man lernen.«

Alice Schwarzer, Anfang der 1970er Jahre

en und Gewerkschaften steigern konnten, und sie bemühten sich auch darum. Am 8. März 1976, dem Internationalen Frauentag, demonstrierte die Neue Frauenbewegung ihre Kraft in Brüssel unter der Parole: »Schwesternschaft ist mächtig. Internationale Schwesternschaft ist mächtiger.« Eine starke Frauenfraktion innerhalb der Gewerkschaften kämpfte in der Bundesrepublik mit um die Liberalisierung des Abtreibungsparagraphen. Den Parteien konnte all die brodelnde Frauenpower um sie herum nicht entgehen, und sie warben einflussreiche Aktivistinnen an. Während Frauen zuvor darum bitten mussten, aufgestellt zu werden oder als Kommentatorinnen in großen Zeitungen publizieren zu dürfen, kam man jetzt auf sie zu und forderte sie zur Mitarbeit auf. Die ersten Nachrichtensprecherinnen sorgten im Fernsehen für eine Sensation. Die zweiten und dritten Ministerinnen machten in den Parlamenten auf sich aufmerksam. Zeitgleich entwickelten sich an den Universitäten die Gender Studies, deutsch: die Geschlechterforschung. In neu eingerichteten Instituten wurde die Geschichte der Menschheit noch einmal gelesen und geschrieben: unter Gesichtspunkten des »Gender« (soziales Geschlecht, im Gegensatz zum biologischen). Während die akademischen Kollegen anfangs die Nase rümpften, entwickelte sich »Gender« zu einem attraktiven Studienfach, das inzwischen auch von männlichen Studierenden ganz selbstverständlich belegt wird.

Zugleich zeigte sich, dass die historisch gewachsenen Old-Boys-Networks der Männerwelt in schöner Reißfestigkeit funktionierten und selbst die tüchtigsten Frauen nicht an die Spitzen der Hierarchien gelangten (von wenigen Ausnahmen abgesehen), weil sich irgendwann eine »gläserne Decke« über ihre Köpfe senkte. Durch die konnten sie zwar in den Himmel der Führungspositionen hinaufschauen, aber eingehen konnten sie in diesen Himmel nicht. Die Gründe laut Auskunft der Männer: Frauen sind nicht hart genug, ihre Kinder sind ständig krank, sodass sie Sonderurlaub beanspruchen, und sie heulen, wenn sie jemand entlassen müssen. Laut Auskunft der Frauen: Männer lassen qualifizierte Frauen nicht ran, sie haben Angst, von ihnen überflügelt zu werden, und protegieren sich hemmungslos wechselseitig. Wie auch immer, frau brauchte eine besondere Förderung, um überhaupt eine Chance zu erhalten. Frauenförderprogramme wurden aufgelegt, Girls' Days eingerichtet, Frauenbeauftragte erhielten in vielen Institutionen und in den Kommunen ihre Büros. Und es wurde über die *Frauenquote* nachgedacht. Selbst die, denen sie nützen sollte, standen diesem Kunstgriff anfangs skeptisch gegenüber. Manche ehrgeizige Frau lehnte es ab, aufgrund puren Proporzkalküls in eine Position zu gelangen. Aber schließlich zeigte sich: Ohne Anschub durch die Quote dauert alles doppelt so lange. 1988 entschloss sich die SPD nach langem Zögern, die Quote einzuführen. Die Grünen vereinbarten Parität in allen Leitungsfunktionen, in dieser Partei war der Frauenanteil stets am höchsten, auch in der Führungsetage. Heute ist die Politik der Quote, in Intention und Wirkung, anerkannt – auch von ehrgeizigen Frauen.

Gegen Ende des 20. Jahrhunderts und zu Beginn des 21. dominierte ein weiteres neu-altes Thema die Bewegung: die geschlechtsspezifische Arbeitsteilung. Nachdem die Selbstbestimmung der Frau mit den mannigfachen Varianten von Körperpolitik durchgespielt worden war, nachdem der einst als »privat« tabuierte Bereich des Lebens als Kampfplatz der Geschlechter und damit als »politisch« enttarnt worden war, trat eine weitere schmerzvolle Asymmetrie ans Licht: Frauen konnten zwar längst Karriere machen, aber die Männer bekamen deshalb noch nicht die Kinder. Und auf den Einfall, nach einer Geburt als Pfleger einzuspringen und auch den Haushalt zu besorgen, kamen sie schon gar nicht. Sie befürworteten solche Schritte, taten sie aber nicht. Der Soziologe Ulrich Beck nannte das »verbale Aufgeschlossenheit bei gleichzeitiger Verhaltensstarre«. Eine Frau, die es beruflich zu etwas brachte und gleichwohl Mutter war, musste eine Doppelbelastung

Gender Studies: Das Studienfach wird auch Geschlechterforschung genannt. Es kam in den 1970er Jahren aus Amerika nach Europa und umfasst außer sozial- und kulturwissenschaftlichen auch biologische Aspekte. Der Ausgangspunkt war die Erkenntnis, dass die Geschlechterdifferenz in biologischen Unterschieden nicht aufgeht, sondern ebenso kulturell »hergestellt« wird. Wichtig ist die Unterscheidung zwischen »gender« = soziales, »hergestelltes« Geschlecht und »sex« = biologisches, »natürliches« Geschlecht.

stemmen, der kein Mann gewachsen gewesen wäre. Der Ruf nach dem praktizierenden Vater wurde laut. Nach mehr und besseren Kinderkrippen. Nach Betriebskindergärten, Tagesmüttern und mehr Geld für Familien. Frauenpolitik war jetzt praktisch gleichzusetzen mit »Vereinbarkeit« von Beruf und Familie. Selbst die CDU verabschiedete sich von ihrem Hausmütterchen-Konzept und anerkannte die Existenz und die Ansprüche der berufstätigen Frau. Bis zur »Vereinbarkeit« aber schien es noch ein langer Weg zu sein. Die Geburtenrate sank weiter. Immer mehr Frauen, besonders die gut ausgebildeten, entschieden sich gegen die Mutterschaft und für die eigene Berufslaufbahn.

Der gleiche Lohn beziehungsweise sein Fehlen meldete sich ebenfalls zurück auf die frauenpolitische Agenda; auch hier versuchte man, voranzukommen und jeder Art Lohndiskriminierung entgegenzuwirken. Der korrekten Analyse waren praktische Schritte gefolgt – aber es war (besonders in Deutschland) mal wieder wie verhext: Die Aufgeschlossenheit blieb auf die verbale Programmatik beschränkt, die Realität wurde beherrscht von der Verhaltensstarre. Es änderte sich viel in den Köpfen, manches in Plänen und Absichten und wenig in der Wirklichkeit. Das wurde besonders deutlich um die Jahrtausendwende, als man im zusammenwachsenden Europa die Zahlen häufiger verglich und die deutschen Frauen neidvoll erkannten, dass es anderswo besser voranging, dass dort das Lohngefälle geringer war, mehr Mütter aushäusig arbeiteten und sogar Spitzenpositionen bekleideten: so in Frankreich, England, Holland und Skandinavien. Hier hatte sich Familienpolitik rechtzeitig um die berufstätigen Frauen gekümmert, deshalb waren gut ausgestattete Kinderbetreuungsmöglichkeiten vorhanden, als sie gebraucht wurden. In Deutschland hatte die Propaganda der Nur-Hausfrau viel zu lange weitergewirkt – und jetzt fehlte, vor allem in den »alten« Bundesländern, die Infrastruktur, die der modernen Karrierefrau den Weg hätte ebnen oder dazu hätte führen können, dass auch Frau Direktorin Kinder bekam.

Es fehlte zudem eine neue Einstellung auch bei den Frauen. Die Feministinnen waren eine Avantgarde, keine Mehrheit. So sehr die Frauenbewegung die weibliche Autonomie befördert und den Wunsch nach einer selbstbestimmten Lebensführung in der nachwachsenden Frauengeneration geweckt hatte – war erst mal ein Kind geboren, so hielt die Mutter sich für allein zuständig und ließ alle Karriererücksichten fahren. Lange wurden Frauen, die ihre Kinder »fremdbetreuen« ließen, auch von Frauen abgelehnt. Bis sich die Einsicht durchsetzte, dass eine steile Karriere mit Babyjahren einfach nicht funktioniert. Und dass die fremdbetreuten Kinder aus Schweden und Frankreich prima gediehen. Erst Ursula von der Leyen, Mutter von sieben Kindern und Familienministerin im Kabinett der Angela Merkel, trieb den Krippenausbau entschieden voran, das heißt, sie setzte die Erkenntnis, dass eine Mutter ohne zuverlässige institutionelle Unterstützung beruflich nicht weiterkommt, endlich um.

Kabinett Angela Merkel? Ja, im Jahr 2005 ergriff die erste Kanzlerin der Bundesrepublik das Ruder des Staatsschiffs. Ausgerechnet in der Bundesrepublik, die, was Emanzipation betrifft, nicht an der Spitze marschierte, brachte es eine Frau – in der DDR geboren, nach der Wende zur CDU-Ministerin gekürt – zur Staatschefin. Vorläuferinnen hatte es in England und Norwegen gegeben, in Frankreich und in den USA traten immerhin Kandidatinnen mit guten Aussichten an. Dennoch war es eine Sensation für ganz Europa. Zumal die Kanzlerin die in sie gesetzten Erwartungen erfüllte, indem sie »als Frau« anders regierte – sachbezogener und uneitler als die männlichen Vorgänger. Am wichtigsten aber war wohl für die Frauen im Land die symbolische Wirkung dieses Aufstiegs: Da hatte eine Kandidatin die gläserne Decke durchstoßen. Man konnte es also als Frau bis ganz nach oben schaffen.

War Merkel eine Ausnahme – wie die großen Frauen des Mittelalters oder die wenigen weiblichen Genies der Neuzeit, die sich durchzusetzen vermochten? Zunächst einmal ja, denn sie war die Erste in diesem wichtigen Amt und hielt sich dort wacker trotz mancher Krisen. Andererseits nein, denn die schlichte Pfarrerstochter und studierte Physikerin besaß keine Hausmacht, als sie ihre politische Laufbahn begann, keine schwerreiche Familie, die sie unterstützte, und keine charismatischen Eigenschaften. Sie wirkte stets wie die einfache, allerdings sehr vernünftige und intelligente Frau von der Straße, durchschnittlich, wenngleich tüchtig und belastbar. Sie repräsentierte den Typus »normale Frau«, deren Zugang zu Führungspositionen und hohen Ämtern die Frauenbewegung stets im Sinn gehabt hatte, wenn sie Gleichheit der Chancen forderte. Insofern war ihr Erfolg auch ein Erfolg der Frauenbewegung.

Interessant waren ferner jene Frauen, die außerhalb der Politik erstmals in sogenannte Männerdomänen einbrachen und dort für ihre Geschlechtsgenossinnen die Türen öffneten. 1980 erhielt in der Bundesrepublik die erste Dachdeckerin ihren Meisterbrief, es gab jetzt Stukkateurinnen, Werkzeugmacherinnen, Schornsteinfegerinnen, Seefrauen und Dreherinnen. Als »Männerberufe« bezeichnete man solche Berufe, in denen weniger als 20 Prozent Frauen tätig waren. In einigen waren Frauen nicht mal zugelassen. »Die Ersten« mussten also kämpfen und überzeugen, immer mehr hatten danach Erfolg. Die Gleichheitspolitik verbuchte einen Sieg nach dem anderen. Und die Differenzpolitik, in der sich so viele Vorurteile verstecken konnten, musste anerkennen, dass die Schnittmenge männlicher und weiblicher Befähigungen weit größer war, als man bislang hatte zugeben und zulassen wollen.

Ein Hort des Differenzgedankens war die den Frauen zugeschriebene größere Neigung zu Frieden und Harmonie; diese Idee hatte unter den Frauenrechtlerinnen des 19. und auch des frühen 20. Jahrhunderts eine große Rolle gespielt. Im Grunde zweifelte niemand daran, dass Frauen eine engere Beziehung zum Frieden hatten, und die engagierten Frauen nutzten diese, wie sie glaubten, Tatsache der weiblichen Friedfertigkeit gern politisch aus. Zwei verheerende Kriege im 20. Jahrhundert zeigten indes, dass es wohl eher fehlende Gleichheitspolitik gewesen war, die den Schein erweckt hatte, Frauen könnten oder wollten nicht kämpfen. Dennoch hielt sich diese Idee bis in die Neue Frauenbewegung hinein, und sie erlebte eine Wiederauferstehung, als es im Jahr 2000 darum ging, die Bundeswehr für Frauen zu öffnen. Gleichheitspolitisch war dieser Schritt logisch und richtig. Dennoch empörten sich viele Feministinnen aus dem Lager der sogenannten Friedensbewegung, weil sie fanden, dass die Frauen ihr letztes echtes Privileg, im Ernstfall nicht schießen zu müssen, verteidigen sollten. Die Zeit ging über diese Kontroverse hinweg, heute gibt es sogar die »Frau Hauptmann«, und allmählich arrangieren sich selbst die Männer mit den Kameradinnen.

Plakat von 1983

Stolz auf das Erreichte und Enttäuschung ob mancher Fehlschläge charakterisierten Frauen am Ende des zweiten Jahrtausends und zu Beginn des dritten. Man konnte das Bild der Neuen Frauenbewegung hin und her wenden wie ein Hologramm, und je nachdem, welch ein Licht darauf fiel, zeigte es sich im Glanz seiner Erfolge oder im Schatten seiner offenen Forderungen. Verglichen mit dem weiblichen Dasein vor hundert und mehr Jahren hatten Frauen enorm viel hinzugewonnen. Seinerzeit erhielt die weibliche Existenz Sinn nur in Bezug zum Mann, war vollständig abhängig, besaß keine politische Einflussmöglichkeit, ließ die Würde einer juristischen Person im privatrechtlichen Sinne vermissen, hatte keinen Zugang zur höheren Bildung, zum Erwerbsleben und zur Öffentlichkeit. Eine Frau musste sich als Mann verkleiden, um allein ausgehen zu können. Und jetzt? Frauen gingen nicht nur wählen, sie wurden auch gewählt. Sie gingen nicht nur studieren, sie machten die besseren Abschlüsse. Man fand sie zwar nur vereinzelt in Vorständen, aber verstärkt in mittleren Positionen. Frauenbeauftragte wachten über die geschlechtsneutrale Ausschreibung offener Stellen. Und wer lieber Karriere machte als Mutter zu werden, wurde kaum noch kritisch angeschaut. Eine selbstbestimmte Lebensführung war für Frauen möglich. Allerdings ...

Der gleiche Lohn war immer noch nicht durchgesetzt. Und trotz der ersten Frauen im Gewerbe der Dachdeckerei und der Seefahrt wählten die jungen Frauen aus dem Kleinbürgertum und der Arbeiterschaft mehrheitlich gering entlohnte soziale Berufe wie Kindergärtnerin oder Krankenschwester, oder sie gingen wie eh und je »ins Büro« oder in den Handel. Die Töchter des Bürgertums studierten Kunstgeschichte und Sprachen, wurden Lehrerinnen oder Verlagslektorinnen. Bei vielen Knaben war es wie eh und je die Faszination der Technik, die ihre Berufswahl bestimmte, und weil bei ihnen keine Babypausen dazwischenkamen, stiegen sie auch bei mittelmäßigen Leistungen reibungslos und an den Frauen vorbei in Führungspositionen auf. Musste man ob solcher Befunde annehmen, dass die Frauenbewegung versagt hatte? Konservative Geister freuten sich über die vielen Arzthelferinnen und Grundschullehrerinnen und über die jungen Mütter, die lieber »zu Hause blieben«, als ihr Kind in eine Einrichtung »wegzugeben«, weil dieses Phänomen dem traditionellen Frauenbild, an das sie immer noch glaubten, entsprach. Sie hielten dieses Bild für einen Ausdruck von *Natur*. Die Feministinnen hielten dagegen: eine jahrhundertealte *Konditionierung* könne nicht von heut auf morgen in ihren Folgen neutralisiert werden. Frau brauche Geduld.

Nach dem Beispiel des »Take-Our-Daughters-To-Work-Day« in den USA wurde 2001 in Deutschland der **Girls' Day** eingeführt. An diesem »Mädchen-Zukunftstag« besuchen Schülerinnen Betriebe, die Arbeitsplätze im Maschinenbau, in der Kraftfahrzeugmechanik oder in der Informatik anbieten. Man will die Mädchen animieren, auch technische Berufe anzustreben. Die Mädchen machen gerne mit, trennen sich aber einstweilen noch nicht merklich von Berufswünschen auf dem sozialen Feld.

Das stimmt mit Bezug auf die Traute der Frauen, der Gesellschaft aufs Dach zu steigen und neue Fähigkeiten in sich zu entdecken. Was aber ungerechte Entlohnung betrifft und die Ignoranz vieler Politiker gegenüber der Gender-Perspektive in der Gesetzgebung, was die noch nicht praktisch durchgesetzte Ächtung der sexuellen Gewalt gegen Frauen angeht und die mangelhafte Infrastruktur in Sachen »Vereinbarkeit von Familie und Beruf«, so ist Geduld völlig unangebracht. Auch die Not von Migrantinnen, die in vormodern-patriarchalischen Strukturen festsitzen und um ihr Leben fürchten müssen, wenn sie über ihren Körper und ihre Lebensführung selbst bestimmen wollen, auch das ist ein Topos, der Feministinnen umtreibt und sie unterm Zeichen der »internationalen Schwesternschaft« herausfordert.

Das Hologramm wird seine zwei Seiten noch lange zeigen. Nimmt man die Frauenbewegung der Moderne, von der Französischen Revolution bis heute, als Ganzes, so darf man sagen, dass kaum eine soziale Bewegung ähnlich erfolgreich war. Nimmt man nur die Neue Frauenbewegung ab den 1970ern bis heute, so kann man ebenfalls von einer glänzenden Erfolgsgeschichte sprechen. Allerdings ist die Agenda noch längst nicht abgearbeitet. Das wird auch nicht so bald der Fall sein, weil an die Stelle jedes behobenen Missstandes sogleich ein neuer tritt, der jetzt erst erkennbar wird oder jetzt erst entsteht. Denn das Geschlechterverhältnis wandelt sich ständig. Der Kampf um Gleichheit und um Beachtung der Differenz, Gender-Politik und die Sensibilisierung für Diskriminierung – das ist ein Programm für den Rest des Jahrhunderts. Maßstab des Erfolges oder besser gesagt: der erfolgten Frauenemanzipation ist dabei, ob und wie die Frau den Schirm der männlichen Projektion, der über ihr und um sie herum aufgespannt ist, durchbricht und beseitigt und sich ihren Teil der Welt und der Öffentlichkeit und der Selbstbestimmung holt – und ihn genießt.

Girls' Day im Labor der Uni Bielefeld

Anhang

Literatur

Bonnie S. Anderson / Judith P. Zinsser: *Eine eigene Geschichte der Frauen in Europa*, Frankfurt/M. 1995

Simone de Beauvoir: *Das andere Geschlecht*, Hamburg 1951

Heide Beutin: *»Als eine Frau lesen lernte, trat die Frauenfrage in die Welt«*, Hamburg 1990

Lily Braun: *Die Frauenfrage*, Bonn 1979

Gisela Brinker-Gabler (Hg.): *Frauenarbeit und Beruf*, Frankfurt/M. 1979

Anna Dünnebier / Ursula Scheu: *Die Rebellion ist eine Frau*, München 2002

Betty Friedan: *Der Weiblichkeitswahn*, Reinbek 1970

Olympe de Gouges: *Schriften*, Frankfurt/M. 1980

Birgit Haustedt: *Die wilden Jahre in Berlin*, Berlin 2002

Florence Hervé: *Geschichte der deutschen Frauenbewegung*, Köln 1998

Florence Hervé / Ingeborg Nödinger: *Lexikon der Rebellinnen*, Dortmund 1996

Heike Herrberg / Heidi Wagner: *Wiener Melange*, Berlin 2002

Verena von der Heyden-Rynsch: *Europäische Salons*, München 1992

Hilde D. Kathrein / Rita Herbig: *Meine Seele will Freiheit*, Heilbronn 1992

Friedhelm Kemp (Hg.): *Rahel Varnhagen und ihre Zeit*, München 1968

Annette Kuhn: *Die Chronik der Frauen*, Dortmund 1992

Ilse Lenz (Hg.): *Die Neue Frauenbewegung in Deutschland*, Wiesbaden 2008

Andreas Lixl-Purcell (Hg.): *Erinnerungen deutsch-jüdischer Frauen 1900–1990*, Leipzig 1992

Angelika Schaser: *Frauenbewegung in Deutschland 1848–1933*, Darmstadt 2006

Hilde Schmölzer: *Die Revolte der Frauen*, Wien 1999

Antje Schrupp: *Politik verkörpern statt Stellung beziehen* (Vortrag auf der Tagung ›Kommunikation-Mobilität-Netzwerke‹), Universität Bremen 2005

Irmgard Schwaetzer (Hg.): *Die liberale Frauenbewegung – Lebensbilder*, Berlin 2007

Alice Schwarzer: *Der kleine Unterschied und seine großen Folgen*, Frankfurt/M. 1975

Jeanne Berta Semmig: *Luise Otto-Peters*, Berlin, o. J.

Barbara Sichtermann: *50 Klassiker – Frauen*, Hildesheim 2001

Inge Stephan / Sigrid Weigel: *Die Marseillaise der Weiber*, Hamburg / Berlin 1989

Maria Wagner: *Mathilde Franziska Anneke*, Frankfurt/M. 1980

Andrea Weiss: *Paris war eine Frau*, Berlin 1997

Marianne Wick: »*Und wir tanzen immer noch*«, Bergisch-Gladbach 1996

Mary Wollstonecraft: *Ein Plädoyer für die Rechte der Frau*, Weimar 1999

Evelyn Zschächner: *Die politische Rolle von Frauen in der Französischen Revolution*, Dresden 2004

Natalie Zemon Davis: *Frauen und Gesellschaft am Beginn der Neuzeit*, Berlin 1986

Frauenwahlrecht – wann und wo

Die in den unterschiedlichen Quellen angegebenen Daten zur Einführung des Frauenwahlrechts in den einzelnen Ländern weichen oft voneinander ab. Dies hat verschiedene Gründe: Die Termine zwischen der erstmaligen Ausübung des Wahlrechts und die seiner gesetzlichen oder verfassungsmäßigen Festschreibung sind oft nicht identisch; das bloß formelle Wahlrecht in einem nichtdemokratischen Staat wird nicht immer gezählt, und manche Länder, in denen das Frauenwahlrecht früh eingeführt wurde, waren zu diesem Zeitpunkt keine souveränen Staaten.

1869
Wyoming, USA
nur im Bundesstaat

1893
Neuseeland
aktives, seit 1919 auch passives Wahlrecht

1894
Südaustralien

1899
Westaustralien

1902
Australien
auf Bundesebene, nicht in allen Bundesstaaten; seit 1962 auch für die Aborigines

1906
Finnland
nicht auf gesamtstaatlicher Ebene; Finnland ist noch russische Provinz

1913
Norwegen

1915
Dänemark einschließlich Island

1917
Sowjetunion
Niederlande

1918
Deutschland
1933 wird das passive Wahlrecht wieder entzogen
Luxemburg
Kanada
auf Bundesebene; die letzte Provinz, die das Frauenwahlrecht einführt, ist Québec 1940

1919
Schweden
Österreich
Polen
Tschechoslowakei

1920
USA gesamt

1922
Irland

1924
Mongolische Volksrepublik

1928
Großbritannien und Nordirland
für Frauen über 30 schon seit 1918

1929
Ecuador
Puerto Rico
aktives, seit 1937 auch passives Wahlrecht

1930
Südafrika
nur weiße Frauen
Türkei
aktives, seit 1934 auch passives Wahlrecht

1932
Brasilien
Uruguay
Thailand

1934
Andorra
Ceylon (Sri Lanka)
Kuba

1937
Philippinen

1942
Dominikanische Republik

1944
Frankreich
Jamaika

1945
Italien
Ungarn
1919 erstmals eingeführt, 1925 wieder eingeschränkt
Japan
Indonesien

1946
Albanien
Jugoslawien
Panama
Rumänien
Trinidad und Tobago

1947
Argentinien
Bulgarien
Birma
China einschließlich Taiwan
Liberia
Venezuela

1948
Belgien
Israel
Korea
Vietnam (Nord)

1949
Chile
Costa Rica
Indien

1950
El Salvador

1951
Nepal

1952
Griechenland
Bolivien

1953
Libanon
Mexiko

1954
Kolumbien

1955
Äthiopien
Ghana
Honduras
Nicaragua
Peru
Singapur

1956
Ägypten
Elfenbeinküste
Gabun
Guinea
Kambodscha
Kongo
Laos
Madagaskar
Mali
Mauretanien
Niger
Pakistan
Senegal
Syrien
Togo
Tschad
Vietnam (Süd)

1957
Haiti
Simbabwe

1958
Algerien
Somalia

1959
Marokko
Tunesien
Zypern

1961
Barbados
Burundi
Gambia

1961
Kamerun
Malawi
Paraguay
Sierra Leone
Tansania

1962
Monaco
Ruanda
Uganda

1963
Iran
Kenia
Libyen
Malaysia

1964
Afghanistan
unter der Talibanherrschaft von 1996 – 2001 zurückgenommen
Malawi
Malta
Irak
Sambia

1965
Guatemala
Guajana

1970
Jemen
Sudan

1971
Schweiz
auf Bundesebene; auf Kantonalebene seit 1958, aber nicht alle Kantone. Im Jahr 1990 wird der Kanton Appenzell Innerrhoden vom Schweizerischen Bundesgericht gezwungen, das Frauenwahlrecht einzuführen.
Spanien
zuerst eingeführt 1931, unter der Diktatur 1936 weitgehend wieder entzogen

1972
Bangladesch
mit der Staatsgründung

1974
Jordanien

1975
Angola
mit der Unabhängigkeit
Mosambik
mit der Unabhängigkeit

1976
Portugal
1931 erstmals eingeführt, unter der Diktatur 1933 wieder eingeschränkt

1984
Liechtenstein
nach Klage beim Europarat

2001
Bahrain
mit Einschränkungen seit 1973

2003
Oman
Katar
auf Gemeindeebene

2005
Kuwait
eingeschränkt

2006
Vereinigte Arabische Emirate
eingeschränkt

Gesetze zur Gleichberechtigung

BRD

Im Grundgesetz der BRD wurde 1949 die Gleichberechtigung von Frauen und Männern gesetzlich verankert. In der Bundesrepublik gelang dies nur durch das Engagement der »vier Mütter« des Grundgesetzes: Frieda Nadig (SPD), Dr. Elisabeth Selbert (SPD), Dr. Helene Weber (CDU) und Helene Wessel (Zentrum). Tatsächliche Gleichberechtigung wurde dadurch jedoch nicht erreicht.

1949 Verabschiedung des Grundgesetzes Artikel 3 Abs. 2: »Männer und Frauen sind gleichberechtigt«.

1957 Das Erste Gleichberechtigungsgesetz reformiert die Regelungen des Bürgerlichen Gesetzbuches von 1900 zum Ehe- und Familienrecht, die im Widerspruch zum Gleichberechtigungsartikel des Grundgesetzes standen.

1975 beginnt die Europäische Gemeinschaft gesetzgeberisch im Sinne der Gleichbehandlung von Frauen und Männern tätig zu werden, seit Anfang der 80er Jahre legt sie verschiedene Aktionsprogramme zur Chancengleichheit auf.

DDR

Die DDR-Verfassung von 1949 schreibt die uneingeschränkte Gleichberechtigung der Frau fest. Damit sie ihre Teilhabe am gesellschaftlichen Leben als »Bürgerin und Schaffende« mit ihren Aufgaben als Frau und Mutter vereinbaren kann, verlangt Art. 18, Abs. 5 die Schaffung von entsprechenden Einrichtungen, d. h. Kinderkrippen und Horten.

1950 wird durch ein Gesetz noch einmal ausdrücklich festgestellt, dass die Ehefrau nicht der Zustimmung des Mannes zu einer Berufstätigkeit bedarf.

Im Unterhaltsrecht setzt sich in dieser Zeit der Gedanke durch, dass die Frau (wie der Mann) in der Lage sein soll, ihren Lebensunterhalt allein zu verdienen.

1966 wird im Familiengesetzbuch (FGB) im Wesentlichen das bereits Erreichte festgeschrieben.

nach der Wiederveinigung

1994 Das Zweite Gleichberechtigungsgesetz beinhaltet neben der Frauenförderung in Bundesbehörden auch verbindliche Vorgaben zu geschlechtsneutralen Stellenausschreibungen, zum Schutz vor sexueller Belästigung am Arbeitsplatz und zur gleichberechtigten Teilhabe von Frauen in öffentlichen Gremien.

1996 Ergänzung des Grundgesetzes Artikel 3 Abs. 2: »Männer und Frauen sind gleichberechtigt. Der Staat fördert die tatsächliche Durchsetzung der Gleichberechtigung von Frauen und Männern und wirkt auf die Beseitigung bestehender Nachteile hin.«

Personenregister

Die **fettgedruckten** Seitenzahlen verweisen auf Schwerpunkte in den Textkästen.

Bildquellennachweis

Der Verlag dankt allen, die Bilder zur Verfügung gestellt haben, für die freundliche Genehmigung zum Abdruck. Leider war es nicht in allen Fällen möglich, die Rechteinhaber zu ermitteln.

akg-images, Berlin: S. 27, 29, 38, 41, 53, 67, 74, 84, 88, 97, 102, 107, 109, 111, 122, 133, 135, 153
akg-images, Berlin/Archie Miles: S. 61
akg-images, Berlin/RIA Nowosti: S. 93
Archiv der sozialen Demokratie in der Friedrich-Ebert-Stiftung, Bonn: Umschlagvorderseite großes Bild, S. 3, 87, 19, 50, 72, 145, 150, 159
picture-alliance /dpa-Fotoreport: S. 168
picture-alliance /dpa-Bildarchiv: S. 162, 164
ullstein-bild, Berlin /Roger Viollet: Umschlagvorderseite kleines Bild rechts und S. 141
Uni Bielefeld: S. 175

»Wenn Europa ein wichtiger Faktor in der Weltpolitik werden soll und wenn es seine kulturellen Errungenschaften verteidigen will, so muss es wissen, was es ist und was es sein will.
Es muss seine eigene Identität entwickeln, und das kann es nur aus seiner Geschichte heraus.« *Edmund Jacoby*

Edmund Jacoby
Kurze Geschichte Europas

272 S., geb., 14 x 21 cm
rund 50 Abbildungen und 9 Karten in Farbe und s/w
ISBN 978-3-941087-37-8
€ [D] 14,95 | € [A] 15,40 | SFr 29,20

Die Geschichte Europas ist mehr als die Geschichte seiner Nationen. Denn Nationen im Sinne von Nationalstaaten gibt es erst seit dem 19. Jahrhundert. Die Vorstellung von Europa als einer vielfach gegliederten kulturellen und – irgendwie – auch politischen Gemeinschaft aber gibt es schon viel länger. Sie ist das Erbe des römischen Weltreichs.

Dieses Buch fasst die Ereignisse und Entwicklungen zusammen, die Europa als ganzes geprägt haben, aber es zeigt auch, wo die Konfliktlinien auf dem alten Kontinent verlaufen und wie sie entstanden sind. Es entwirft die Geschichte Europas neu als die Vorgeschichte eines künftigen, nach der Ära des Nationalstaats zusammengerückten Europa.